FOCA INVESTIGACIÓN

207

AF277003

Rodrigo Castro Orellana (coord.)

Salvar la universidad, defender la democracia

El ataque neoliberal contra
la institución universitaria

ARGENTINA
ESPAÑA
MÉXICO

PRÓLOGO
Contra la universalización de la servidumbre

I

«El fin del mundo comenzó hace mucho tiempo». Lo dice uno de los personajes de la película *Sirat* (2025) en medio de una travesía infernal por el desierto. No sabemos exactamente desde cuándo –quizá tampoco ese sea el problema principal–, pero nadie dudaría que nos enfrentamos en la actualidad a una crisis civilizatoria de proporciones inauditas. Todo parece indicar que el mundo, tal como lo conocíamos hasta fechas recientes, se resquebraja paulatinamente. Las ideas que la modernidad consiguió instalar en la cultura a través de enormes esfuerzos del pensamiento y la acción durante siglos hoy se descomponen ante nuestra mirada asombrada. La libertad se degrada en un grito de guerra que oculta el desprecio hacia el otro, los discursos que apuestan por la igualdad son perseguidos y descalificados sistemáticamente, y las prácticas de solidaridad entre los seres humanos resultan cada vez más escasas frente al auge de un individualismo totalitario. Por otra parte, el valor de la veracidad desaparece como consecuencia de engaños espectaculares que saturan las pantallas informativas. Aunque hemos comprobado que a veces ni siquiera es necesaria esta manipulación, ya que un genocidio como el que acontece en Gaza puede ser televisado a diario impunemente. Por todo esto, no sería exagerado añadir que posiblemente estemos ante una especie de *neooscurantismo*, cuyos indicadores son el odio al conocimiento, la transformación de todo crítico en enemigo, el rechazo a la diferencia y al pluralismo, la afirmación radical del dinero como el último dios, el goce en la destrucción o el desprecio a la naturaleza. Pero entre todos los signos hay uno especialmente inquietante y que nos toca de cerca. La democracia, que alguna vez se celebró como herramienta para la paz o como condición de posibilidad de la sociedad de mercado, hoy se agrieta aceleradamente abriendo el espacio para el advenimiento de un régimen fascista global. No se trata de un acontecimiento que derive de una crisis del paradigma de la representación, como algunas teorías se han apresurado en señalar. No estamos ante una especie de destino del ser que nos condene a la decadencia de Occidente. En lo que ocurre, intervienen un diseño político y una voluntad de universalización de la servidumbre. La democracia no se descompone de cualquier manera ni lo hace como si fuese víctima de agresiones externas. Esto sucede desde su propio interior, es decir, a partir de las instituciones que le han dado forma y sentido. Observamos parlamentos que despliegan debates completamente ajenos al sufrimiento cotidiano de los/as ciudadanos/as, jueces que ejercen su autoridad desde la ceguera de su ideología, gobiernos entregados al único criterio de administrar una economía sin rostro humano, medios de comunicación que controlan los límites del debate público. La democracia se está derrumbando desde dentro y lo que viene en su lugar no puede ser otra cosa que la barbarie. Sí, el fin del mundo comenzó hace mucho tiempo.

II

Una y otra vez se repite la misma pregunta: ¿qué podemos hacer? En las aulas, en las sobremesas, en los libros o en todo tipo de debates se escucha el mismo rumor agitado: ¿existe alguna alternativa? ¿Hay tiempo todavía para construir un mundo distinto? Al respecto se escuchan respuestas de todo tipo; algunas parecen desesperadas, otras generan la impresión de llegar excesivamente tarde cuando muchos procesos de declive democrático ya son irreversibles. Algunos apuestan por librar la batalla cultural en las redes cuando estas se hallan colonizadas por agentes profesionales del odio; otros siguen aferrados a la ensoñación de un retorno ideal de vicjas esencias y certezas. Ciertos intelectuales supuestamente progresistas defienden el abandono de toda acción por el gesto contemplativo o la deserción, como si llevar a cabo ese retiro no fuese un privilegio que solamente unos pocos pueden permitirse. Los hay también que denuncian el neoliberalismo contemporáneo, pero que lo hacen desde la gestión empresarial de su propio reconocimiento. Así se suma al desierto de nuestro presente la sequía de opciones concretas que nos permitan rehabilitar el futuro, recuperar las expectativas de un horizonte que no sea más que la catástrofe. En este contexto, este libro quiere ofrecer una respuesta que no debe en ningún caso comprenderse como la única alternativa. Quizá para algunos sea una posibilidad elemental o básica, demasiado simple por su carácter excesivamente concreto. Pero tal vez la gravedad de la situación requiera aferrarnos a algo concreto y delimitado que precisamente ha contribuido de un modo decisivo a retrasar a través de los siglos el final del mundo. Nuestra respuesta es: *Salvar la universidad*.

III

Pero ¿salvarla de qué? En primer lugar, de los innumerables ataques que recibe desde dentro y fuera de ella misma. Este libro aporta, en tal sentido, una amplia descripción de todas estas ofensivas, no sólo de aquella que está más próxima e inmediata: el programa político que la Comunidad de Madrid viene desplegando desde hace varios años con el objetivo de reducir las universidades públicas a una condición miserable. El libro intenta mostrar, a partir del caso paradigmático de Madrid, la existencia en diferentes lugares del mundo de una compleja operación que acompaña los desarrollos del capitalismo contemporáneo y que se dirige a la ruina de la universidad. La institución ha sido entendida como fábrica, empresa o negocio, desvirtuándose de esta forma su cometido más significativo. Este proceso devastador para nuestras sociedades se ha ejecutado mediante diversos mecanismos que van desde la infrafinanciación hasta la intervención directa sobre la autonomía universitaria, y todo ello con la complicidad o la vaga reacción de los propios gobiernos institucionales. El viaje de los rectores de las universidades públicas madrileñas a Miami, invitados por la presidenta Díaz Ayuso, es una esperpéntica imagen que ilustra esto último. Sin embargo, la destrucción de las universidades no supone una degradación institucional similar a cualquier otra de las que suceden en la actualidad. En este caso, se trata de un daño que se infringe a la única institución efectivamente reflexiva que estaría en condiciones de poder salvaguardar el pensamiento crítico. La universidad es un espacio que el ser humano ha creado, no sólo para generar nuevos conocimientos, sino para problematizarlos, porque esto es lo que permite la irrupción de nuevas experiencias y posibilidades en el orden del saber. Ciertamente se debe a la sociedad en los desafíos y problemas que afronta y en las alternativas que genera, pero no puede estar subordinada exclusivamente a sus demandas coyunturales. La universidad siempre debe tener una mirada dirigida hacia el futuro, su compromiso se vincula con aquello que todavía no es. Por eso dentro de sus aulas todo puede ser puesto en cuestión desde el pluralismo y a partir de la comunidad del conocimiento: valores, ideales, ideologías, incluso el propio sentido y la tarea de la institución universitaria. Si la universidad deja de cumplir esta labor, desaparece junto con ello el principal lugar en que la sociedad puede pensarse a sí misma de manera radical y explorar una eventual superación de sus límites. Si se anula esta misión, la democracia misma colapsa y con ello las condiciones básicas para el ejercicio de una libertad verdadera, dando pie al triunfo de la ignorancia prepotente, de la ira como paradigma cultural, de la sumisión elegida. Nos enfrentamos a la eventualidad cierta de la emergencia de un poder uno e indiviso que cierre por completo el juego abierto de la democracia y que anule todo derecho a la crítica. Salvar la universidad, entonces, equivale a proteger la división de los poderes.

IV

En 1998, el filósofo Jacques Derrida pronunció una celebre conferencia en la Universidad de Stanford titulada «El porvenir de la profesión o la universidad sin condición». Casi treinta años después, en esa misma institución, como en muchas otras universidades de Estados Unidos, profesores, exalumnos y estudiantes se manifestaban en contra de la desfinanciación y el recorte de derechos de los estudiantes extranjeros implementados por las políticas de la Administración Trump. Quizá por esta razón las palabras del filósofo francés en aquella lección resuenen de forma especialmente intensa en nuestro presente. Decía Derrida que la universidad es una ciudadela expuesta a ser tomada, ocupada, abocada a capitular y convertirse en la sucursal de consorcios. Hay una fragilidad en sus defensas frente a los poderes que la sitian y desean apropiársela. Por eso ella es la última trinchera en la defensa de la democracia, el último lugar de resistencia crítica e incondicional. Si el fin del mundo está en curso, salvar la universidad consiste en una práctica concreta y situada para ralentizarlo. No sólo están en riesgo los recursos naturales como consecuencia de un capitalismo desbocado y autófago. También encaramos una pérdida creciente de recursos culturales que puedan permitirnos resolver los complejos escenarios futuros que afectarán a la humanidad. Por eso necesitamos de la mirada y la palabra que nacen de las universidades, sólo en ellas pueden preservarse y reactivarse las mejores creaciones de nuestra civilización para un tiempo por venir. Es esta mirada la que busca ser cercenada, es esta palabra la que se pretende silenciar.

V

El libro consta de dos partes claramente discernibles. En la primera hemos querido ofrecer un panorama exhaustivo de la desoladora realidad de las universidades públicas madrileñas a partir de un conjunto de datos que ponen en evidencia el proyecto ideológico que sostiene la política de educación superior de la Comunidad de Madrid. Este punto de partida nos lleva, en una segunda parte, a desarrollar un conjunto heterogéneo de análisis sobre la realidad universitaria. Los que escribimos somos profesores de la Universidad Complutense de Madrid, estudiantes de la misma universidad y colegas de la Universidad de Barcelona y la Universidad de Granada. Todos y todas expresamos a través de nuestras intervenciones un compromiso con la institución pública universitaria en una época extraordinariamente sombría. Sin embargo, este no es un libro de combate dirigido únicamente a los que forman parte de la vida universitaria: docentes e investigadores, estudiantes, personal de administración y servicios. Salvar la universidad le interesa a usted, lector o lectora, que padece nuestra misma perplejidad ante los nuevos dogmatismos y autoritarismos que surgen por todas partes. No se necesita ser universitario para comprender la relevancia de cuidar la principal institución reflexiva y crítica de nuestras sociedades. Lo que queremos denunciar es que la democracia está francamente en peligro y que sin la universidad será imposible recuperarla. Como en el desenlace de *Sirat*, viajamos en un tren sin rumbo, arrastrando nuestros daños personales y colectivos, pero estamos juntos. Salvemos la universidad, defendamos la democracia.

Rodrigo Castro Orellana
Madrid, verano de 2025

PRIMERA PARTE
El patrimonio de los que no tienen patrimonio. Vida, obra, datos y milagros de la universidad pública madrileña

Antonio Sánchez Domínguez

CAPÍTULO I

De la Comunidad de Madrid a la Sociedad Anónima de Madrid

UNA ADVERTENCIA: LA TIRANÍA DE LOS NÚMEROS ABSOLUTOS

Decía Norman Mailer que «nada hay más difícil que descubrir un simple hecho»[1]. Parece una afirmación contradictoria. ¿No vivimos rodeados de hechos? ¿No constatamos hechos todo el tiempo? ¿Dónde reside esa dificultad? ¿Cómo podrían ser los hechos aquello cuyo descubrimiento es, dice Mailer, lo más difícil? Los hechos tienden a componerse de múltiples hechos, de hechos y datos presentados de una determinada manera, de hechos que terminan por no ser hechos y que difícilmente tienen el rango de conjetura, de ideología o, directamente, el de una mera estafa. Pongamos un ejemplo: «La Comunidad de Madrid incrementará más de un 4% su aportación a las universidades públicas madrileñas en 2025»[2]. Sin duda tenemos un dato, ese 4%, y sin duda en el mundo de los hechos ese 4%, ese añadido de 47,3 millones de euros, es un incremento y cumple con ser el 4% más de lo que dice ser un 4%. Hasta ahí todo bien, hasta ahí nadie ha mentido. No parece tan difícil como lo pintaba Norman Mailer, ¿no? ¿O sí? Veamos, ¿es mucho 47,3 millones? Nos dicen que es mucho,

---

[1] N. Mailer, *El parque de los ciervos*, Barcelona, Anagrama, 2007, p. 413.

[2] Comunidad de Madrid, «La Comunidad de Madrid incrementará más de un 4% su aportación a las universidades públicas madrileñas en 2025», edición digital, 3 de diciembre de 2024 [https://www.comunidad.madrid/noticias/2024/12/03/comunidad-madrid-incrementara-4-su-aportacion-universidades-publicas-madrilenas-2025].

claro que nos lo dicen, pero ¿cómo lo sabemos? ¿Con qué lo comparamos, con qué lo medimos, por qué aumenta el presupuesto dedicado a las universidades en 47,3 millones y no en 20, por qué en 47,3 y no en 200? El hecho puede volverse difícil muy rápido, si, por ejemplo, decimos que la Comunidad de Madrid es la que menos invierte en sus universidades públicas desde hace 15 años; si invierte casi un tercio menos, casi la mitad menos que, pongamos un ejemplo, La Rioja, entonces la cosa cambia. Pero ¿de verdad invierte más La Rioja? ¿Qué significa invertir? Más aún, si ese 4% de aumento no sirve para combatir la inflación de ese año, el IPC, los gastos de la propia universidad, o si ese 4% sigue manteniendo a Madrid a la cola en inversión por estudiante, entonces el 4% deja de ser el incremento que dice ser, pasa a ser, sí, un incremento que perpetúa, veremos, la miseria estructural en que se encuentra la universidad pública madrileña. Que el paso de 0 a 1 es infinito también es un hecho, y podría aparecer sin duda en el *Boletín Oficial de la Comunidad de Madrid* bajo el título: «La Comunidad de Madrid incrementará infinitamente su número de becas». Así pasó, *de hecho*, cuando incorporó el complemento Erasmus, pero también es un *hecho* que fue la última Comunidad de España en incorporarlo[3]. Esto da lugar a otros hechos que también pueden ser interesantes. Como la beca Erasmus es más bien baja –te dan entre 200 y 400, dependiendo de a dónde vayas–, es imaginable –o constatable– que podría haber quien no se fuese a otro país a estudiar porque ese complemento no existía. Puede ser, incluso, que se genere un régimen de hechos que no aparecen en el *Boletín Oficial de la Comunidad de Madrid*, como que muchos estudiantes puedan haber renunciado a aspiraciones porque esas aspiraciones en Madrid dependían, más que en cualquier otra Comunidad, del

---

[3] Comunidad de Madrid, «La Comunidad de Madrid aprueba ayudas extra para casi 6.000 estudiantes Erasmus+ de sus universidades públicas», edición digital, 5 de junio de 2024 [https://www.comunidad.madrid/noticias/2024/06/05/comunidad-madrid-aprueba-ayudas-extra-casi-6000-estudiantes-erasmus-universidades-publicas].

presupuesto con el que contase la familia. También podría aparecer en un boletín oficial que la renuncia a esas aspiraciones cuesta millones a las familias en salud mental, que lleva al estudiantado a no comprender por qué unos pueden y otros no, que los padres tienen que, tristes, observar cómo su familia tiene menos oportunidades que otras familias.

Los libros basados en datos que acaparan los titulares tienden a envejecer rápido. La coyuntura es así y los libros de batalla son así. Expones un dato, cambia el dato, el libro se pierde o se convierte en un archivo al que volver para saber qué paso en un momento u otro de la historia. Y, de nuevo, ojalá este fuera el caso y tuviéramos que responder meramente a un dato aislado en un año, como, por ejemplo, el número de becas –el más bajo por estudiante de todo el Estado–, o el salario –el más bajo al cruzarlo con el nivel de vida–, o la inversión en ciencia –la más baja en porcentaje del PIB regional–. Decimos que ojalá fuese así, que ojalá ese fuese el caso, porque ojalá esto fuese algo que ocupa los titulares de un único año.

El problema es más bien otro: los datos se repiten año tras año, en la Comunidad más rica se está a la cola en inversión para la educación pública año tras año. Este libro, si fuese de coyuntura, podría haberse escrito en 2022 o en 2020, en 2018 o en 2015, en 2010 o en 2009. El dato sería siempre el mismo: la Comunidad de Madrid es la que menos invierte por estudiante, la Comunidad de Madrid es la que menos porcentaje del PIB dedica a sus estudiantes universitarios, la Comunidad de Madrid está, siempre, a la cola de inversión por estudiante. Pero la Comunidad de Madrid está siempre, eso sí, a la cabeza en ese nuevo negocio que consiste en aprobar nuevas universidades privadas.

Por algún motivo, esos datos están empeñados en trascender la coyuntura, como si no quisieran decirse coyunturales, como si quisieran llamarse a sí mismos estructura, proyecto, proyecto político. Eso es lo que queremos investigar aquí: una coyuntura que se quiere decir estructura, que se quiere decir proyecto, que amenaza con imposibilitar el acceso a la educación pública superior o la vida misma de la educación pública superior. Esto forma parte de un contexto que es el madrileño, un contexto en el que ningún dato de ninguna de las partes de lo que llamamos patrimonio público y su infrafinanciación es coyuntural, donde todo lo que pretenda hacerse pasar como propio de un presupuesto concreto tiene que ser cotejado y analizado como parte de un desarrollo de años, de lustros, de décadas. La infrafinanciación de la sanidad, de la educación –no sólo universitaria–, de la ciencia forma parte de una estructura que, al no encontrar respuesta pública, diseña una pista de aterrizaje para que los buitres de la iniciativa privada puedan hacer posar sus garras sobre un patrimonio desvencijado que, querido como base misma de la comunidad, asegura rendimientos a quien haga de ese patrimonio público un patrimonio privado.

Los datos dependen, por tanto, de un contexto, dependen del discurso en que se insertan, ningún 4% es neutral, ningún incremento es festejable sólo porque sea un incremento. El contexto puede serlo todo, ese 4% tiene que decir de manera clara «yo soy yo [ese 4%] y mis circunstancias» (la que menos invierte por estudiante, la que menos becas tiene, la que no cubre con ese 4% ni el IPC ni la inflación, la que construye más universidades privadas que la mayor parte de nosotros o puede pagar). Ese 4% puede ser, enseguida, la manera de hurtarnos el debate sobre en qué situación se encuentra la universidad madrileña.

Tendremos, por tanto, que tener mucho cuidado, y tendremos que hacer que todo dato pueda decir con seguridad «yo soy yo y mis circunstancias». Sólo así podremos cumplir con la difícil tarea de encontrar un simple hecho. El problema de la universidad trasciende con mucho el problema educativo. Está en juego un modelo que pretende destruir conquistas del Estado del bienestar, que a su vez, sin duda, trasciende el propio problema del Estado del bienestar, que tenía como potencia oculta esta situación en la que nos encontramos ahora y que sin un análisis suficiente sería también, incluso con su duración, un hecho histórico aislado que nos hurta el debate sobre lo que aquí en realidad se juega: un proyecto milenario para buscar la verdad de manera colectiva sin perder nada por el camino.

De entre las cosas que el mercado sabe hacer, hay una muy especial, una muy escncial a sus intereses, una que le permite encontrar nuevas vías para incrementar su patrimonio con el mínimo esfuerzo posible. Consiste en localizar palabras, palabras increíbles, palabras que son capaces de convertirse en una máquina de hacer dinero, de construir reputación, de asegurar prestigio, de incrementar ganancias, de acrecentar su capital; consiste en utilizar alguna palabra que permita, sin cambiar el producto, cambiar la percepción que se tiene de un producto; consiste en incrementar el valor todo lo posible de lo que se quiere vender sin cambiar aquello que se vende. El mercado ha descubierto en España la palabra *universidad*, el mercado ha descubierto que la palabra *universidad* es el mirlo de oro, la piedra filosofal, la varita mágica que convierte un negocio privado en una «prestigiosa» institución internacional de elite. Las universidades públicas, según datos del ministerio, multiplican por 5 cada euro que se les ha transferido desde los presupuestos[4]. Es en esto en lo que piensa el mercado cuando deciden llamar a una empresa cualquiera *universidad*, y esto, como veremos, ocurre bastante últimamente, y también, como veremos, que esto ocurra tiene una serie de consecuencias negativas, consecuencias que parten en dos el Estado, la Comunidad de Madrid, que segregan, que generan un país y una Comunidad de dos velocidades, que cortocircuitan eso que en España se llamó el ascensor social.

Otros, cuando pensamos en la universidad, pensamos en cosas, desde luego, que no son esos 5 euros por euro invertido. De hecho, pensamos más bien en lo contrario, pensamos en cosas que no responden a ese concepto, cabría decir capitalista, de «rentabi-

---

[4] Ministerio de Ciencia, Innovación y Universidades, «Las universidades públicas españolas multiplican por 5 cada euro invertido en ellas», edición digital, 12 de junio de 2023 [https://www.ciencia.gob.es/Noticias/2023/junio/Las-universidades-publicas-espanolas-multiplican-por-5--cada-euro-invertido-en-ellas.html].

lidad». Pensamos, por ejemplo, en que es en la universidad pública donde se investigan enfermedades raras cuya cura no aportará grandes rendimientos económicos a ninguna empresa y que por ello no serán investigadas si no existe un sitio que no responde al criterio de los beneficios económicos. Pensamos que de ello depende que podamos hablar de comunidad, que por ahí pasa el intento de no dejar a nadie fuera, a nadie atrás. Pensamos también que ahí, en la universidad, se investigan fenómenos jurídicos tan extraños como la división de poderes, fenómeno este que tampoco parece poder acreditar su peculiar valía bajo los criterios economicistas de la rentabilidad; de hecho, puede suponer un límite a los intereses de las corporaciones transnacionales, que encuentran en lo jurídico mismo límites a sus intereses. A quienes quieren utilizar la palabra *universidad* para incrementar su patrimonio rara vez les interesa el estudio de las Humanidades, las traducciones de *El Quijote*, el estudio de la Historia, rara vez les interesa el tipo de «rentabilidad» que ahí se pone en juego, pero el prestigio que este tipo de «rentabilidades» han dado históricamente a la palabra les sirve sin duda, porque es el prestigio que ha engrandecido esa palabra que, precisamente por ello, pueden utilizar para sus propios intereses.

Dicho de otra manera, pretenden vampirizar el concepto de universidad, basado en una rentabilidad que no es su rentabilidad para así agrandar el concepto de rentabilidad que ellos tienen y que por sí solo no podría adquirir la misma dimensión.

Matan varios pájaros de un tiro. Con otras palabras que no sean la palabra *universidad* la cosa es más difícil, pues el prestigio de esas otras palabras está privatizado. Sony, Netflix o Nike quedan fuera de su alcance, así que van a por la otra, a por la palabra *universidad*, que no aparece en la oficina de patentes; o bueno, sí que aparece, pero la oficina de patentes en la que aparece, esa que podríamos llamar *Constitución*, no parece tener efectos jurídicos como para proteger el uso de esa palabra de la competencia desleal y de la mala praxis que con ella, como veremos, despliegan cada vez con más virulencia. Que aparezca en la Constitución debería significar que su patente está más allá de toda patente, que su uso debe ser público y estar al alcance de otros principios igual de constitucionales, como la igualdad o la libertad, esto es, que su uso debería de estar más protegido que el de cualquier otra patente, tan protegido como deberían de estarlo la igualdad o la libertad de expresión, la división de poderes o el derecho a un juicio justo.

La Comunidad de Madrid está cerca de acumular ella sola la mitad de las universidades privadas de toda España. En 2025, Madrid cuenta ya con 13 universidades privadas, pero hay además 5 campus extranjeros igualmente privados y, por si fuera poco, 24 centros adscritos. Todo ello, sí, frente a 6 universidades públicas. La última de ellas, la Universidad Rey Juan Carlos, se inauguró en 1996. Y en el periodo que iba de 1996 a 2006 se inauguraron nada más y nada menos que 8 universidades privadas. Entre 1999 y 2022, el Gobierno del Partido Popular inauguró 4 más. Es 2025 y hay otras 4 universidades privadas en trámite. Sigue habiendo sólo 6 universidades públicas, más alumnos que nunca y menos presupuesto que nunca, menos desde luego que en 2007, justo antes de la crisis económica con origen en la caída de Lehman Brothers en 2008.

Para los empresarios, el nicho de mercado está garantizado, porque la demanda no ha encontrado respuesta pública; y no ha encontrado respuesta pública mucho más que en cualquier otra Comunidad de España y casi de Europa. No la ha encontrado porque, como decimos, lo que hay de fondo es un proyecto privatizador. Todo lo que se deja de invertir desde 2007 lo invierten las empresas, que, satisfaciendo la demanda de una ciudadanía que ha visto históricamente en la educación la posibilidad de una vida mejor, se están forrando. La medida de la falta de inversión pública te la da la cuantía de la inversión privada, que elige, obviamente, no aquello que pudiera ser de interés público, sino todo aquello que provoca rendimientos inmediatos, ni traducciones de *El Quijote*, ni división de poderes, ni enfermedades raras, ni investigaciones de largo plazo sobre los agujeros negros, ni el concepto de ciudadanía en Kant, ni el Renacimiento italiano y su influencia en el Renacimiento español. Todo esto es sustituido por módulos privados de diseño de bolsos o videojuegos, y por plazas de la rama sociosanitaria a 20.000 euros anuales para satisfacer que puedan ser médicos quienes sueñen con ser médicos –y puedan pagárselo–. En la rama sociosanitaria se ha encontrado el gran filón, que ha llevado a que la mitad del estudiantado de Medicina esté pagando más de 20.000 euros al año. Esas plazas son plazas que se dejaron de abrir en las universidades públicas. ¿Es porque no se vio esa necesidad? ¿No se vio durante 20 años? Se vio claramente, pero se decidió privilegiar que Medicina fuera una carrera estudiada por las elites. Lo veremos a lo largo de este bloque.

Pero entonces, incluso «asumiendo su concepto de rentabilidad», ¿no preferiría la Comunidad de Madrid tener más ingresos? ¿Por qué preferir que los ingresos se los queden otros en lugar de la propia Comunidad, en lugar del propio pueblo? Si es una institución tan rentable, si convierte un euro en tres, ¿por qué no invertir en ella? ¿Por qué una Comunidad como la de Madrid se negaría a sí misma multiplicar el dinero por tres para dejar que lo ganen otros? ¿Será que tal vez no son otros? ¿Será que son los mismos y optan por sí mismos antes que por su pueblo? Veamos.

EL PROYECTO MADRID: LA SEGREGACIÓN INSTITUCIONALIZADA

Dicen que en Madrid hay tres millones de pobres, ¿por dónde estarán?[5]

Enrique Ossorio, Consejero de Educación

En el año 2022, un informe de Cáritas anunciaba que la vivienda asfixiaba a más de 3 millones de hogares, que un 16,8% de las familias vivían «por debajo del umbral de la pobreza severa una

---

[5] *Expansión*, «Ossorio: "Dicen que en Madrid hay tres millones de pobres, ¿dónde están?"», YouTube, 17 de junio de 2024 [https://www.youtube.com/watch?v=q3Jn-ff_T_E].

vez pagada la vivienda y los suministros básicos» y que «el 16% de la población en alquiler experimenta un nivel extremo de estrés financiero, es decir, [que] destina más del 60% de sus ingresos al pago del alquiler»[6]. Según FOESSA, «en 2021, el 42% de la población de Madrid se encuentra en una situación de integración plena, el 35,8% en una situación de integración precaria, el 10,2% en una situación de exclusión moderada y el 12,1% en una situación de exclusión severa. Las personas en situación de exclusión social representan el 22,3% de la población de Madrid, lo que implica que, aproximadamente, uno de cada cuatro habitantes de la Comunidad –en torno a 1,5 millones de personas– se encuentra en 2021 en una situación de exclusión moderada o severa»[7]. Es la Comunidad con mayor renta per cápita, y también la Comunidad en la que la desigualdad entre el 20% más rico y el 20% más pobre es la más alta de España. Es la Comunidad que más segregación «administra», donde la segregación adquiere el rango de proyecto político. Sabemos que la esperanza de vida entre el norte y el sur de Madrid puede variar entre 5 y 9 años; que, por ejemplo, en Chamartín es 86,7, mientras que en Villaverde es de unos 77,7 años; que en el Barrio de Salamanca es de unos 86,1, mientras en Usera es de 78,5[8]. Si los años de vida varían, si ese clivaje se mantiene incluso cuando la riqueza en Madrid es cada vez mayor, ¿qué es lo que ocurre entonces? Esa esperanza de vida se traduce también en que el 80% del abandono escolar se con-

---

[6] Cáritas Española, *Ingresos y gastos: una ecuación que condiciona nuestra calidad de vida*, Fundación FOESSA, 7 de noviembre de 2023 [https://www.caritas.es/main-files/uploads/2023/11/CA%CC%81RITAS-analisis-y-perspectivas-2023-digital-.pdf].

[7] Fundación FOESSA, *Informe sobre exclusión y desarrollo social en la Comunidad de Madrid*, Madrid, Cáritas Española Editores, 2022 [https://www.foessa.es/main-files/uploads/sites/16/2022/03/Informes-Territoriales-2022_MADRID.pdf].

[8] Ayuntamiento de Madrid, *Ranking de vulnerabilidad de los distritos y barrios de Madrid*, edición digital, 15 de diciembre de 2020 [https://datos.madrid.es/portal/site/egob/menuitem.c05c1f754a33a9fbe4b2e4b284f1a5a0/?vgnextoid=d029ed1e80d38610VgnVCM2000001f4a900aRCRD].

centra en los distritos del sur[9]. La Comunidad más rica de España, una de las más ricas del mundo, está erigiendo, como vamos a ver con unos pocos datos, un sistema institucional que, en lugar de corregir estos hechos, los convierte en estructura. A esa estructura y a ese proyecto el Gobierno del Partido Popular le ha puesto otro nombre que, como *universidad*, funciona muy bien y produce también muchos rendimientos: «libertad» o «libertad de elección». Es un proyecto político tan perfecto y tan blanco que fue todo el programa con el que Isabel Díaz Ayuso se presentó en las elecciones de 2023. Sí, presentaron una hoja en blanco. Y ciertamente es buen programa, porque la libertad es un bien sin duda querido y deseado, pero también deben de ser un bien querido y deseado las condiciones de la libertad, aquellas mediante las que uno, como veremos, puede decirse libre, porque es más libre el que nace como hijo de uno de los 20.000 millonarios que uno que nace como hijo de uno de ese millón de pobres. La libertad de elección (para elegir, por ejemplo, un seguro privado o una universidad privada o una FP privada) llega más a quienes nacen con esa herencia. Es decir, la libertad de elección tiene en la Comunidad de Madrid nombres propios y apellidos. Libertad de elección del que, habría que añadir, «puede pagarse la libertad de elección». No parece que puedan elegir un seguro privado el millón de personas en riesgo de exclusión social. Aun así, en Madrid los seguros sanitarios privados pasaron del 30,6% en 2011 al 38,1% en 2021, cuando la media nacional está en un 24,4%. ¿A qué creemos que se debe? ¿A una demanda de sanidad privada? ¿Esa que, si quieres hacerte una operación «cara», te envía a la pública?

El consejero de Educación no veía pobres y la presidenta de la Comunidad salió a defenderlo. Cierto es que el consejero de Educación ha sido el diputado con más patrimonio de la Asamblea de

---

[9] F. Serrano, «El absentismo escolar en los distritos del sur concentra casi el 80% de todo Madrid», *Cadena SER*, edición digital, 19 de febrero de 2019 [https://cadenaser.com/emisora/2018/02/16/radio_madrid/1518797158_115339.html].

Madrid, forma parte de esos 20.000 millonarios. No podemos aventurar que eso le impidiera ver a los pobres, pero cierto es que, si no los veía, un relator de la ONU le dijo cómo verlos y le recordó, por ejemplo, que el 50% del alumnado migrante o de etnia gitana se localiza en Puente de Vallecas y en Usera. «Gueto», así lo llamó el relator especial de la ONU[10].

Un concepto sobrevuela Madrid desde hace unos años, el concepto de «demanda social». La ciudadanía demanda, pero entre las cosas que demandaría, según el Gobierno de la Comunidad, se encontraría, principalmente, lo privado. Según el Gobierno, no existiría demanda social de lo público, de lo gratuito, de lo accesible y lo inclusivo; habría, sólo y principalmente, de lo especial, de lo diferente, de lo segregado. La ciudadanía madrileña, dice el Gobierno, demanda la existencia de más centros concertados, de más centros privados, de más universidades privadas, de más sanidad privada. No hay ya ciudadanía que recuerde las listas de espera en los hospitales hace años. La ciudadanía quiere libertad para elegir, libertad de elección, libertad para pagar. Más dinero en los bolsillos, dicen, pero ese dinero en los bolsillos que no se va a los impuestos luego deben gastarlo, como veremos, las familias.

En Madrid no se segrega, se ha dicho una y otra vez desde el Gobierno, todo el mundo puede elegir, pero cierto es que suena poco compatible siquiera con el siguiente dato: desde 2015 han aumentado en 200 millones las subvenciones que acaban en centros que segregan por sexo. Algunos pensábamos que eso casi no existía en España, pero eso que pensábamos que no existía en España ha recibido 200 millones extra. Aquellos que critican las subvenciones y llaman «subvencionados» a quienes reciben una beca —«viven de las paguitas»— no se ocultan mucho para inyectar 200 millones en centros escolares que ponen a las chicas por un lado y a los chicos por otro. Para que nos hagamos una idea, las becas

---

[10] «El mito de que España es un país acogedor», *Medium*, edición digital, 30 de diciembre de 2023 [https://medium.com/@carrmen.alemany/el-mito-de-que-espa%C3%B1a-es-un-pa%C3%ADs-acogedor-ac11b313c6ce].

socioeconómicas para estudiar en la universidad apenas llegan a 3 o 5 millones de euros al año, y quienes van a centros que segregan por sexo vienen siempre de familias adineradas. La atención a la diversidad recibió también un recorte presupuestario del 30% en 2011 que no fue revertido. La orientación en Madrid tiene la menor tasa por estudiante de toda España. Un orientador por cada 250 estudiantes, recomienda la UNESCO; en Madrid, en cambio podemos encontrarnos 1 por cada 1300 estudiantes, moviéndose en ocasiones entre varios centros, repartidos a veces entre tres centros escolares, pivotando con la carpeta intentando recordar y mantenerse al día de lo que le pasa al estudiantado sin poder hacer justicia a realidades en las que se mezcla lo psicosocial, los anhelos frustrados, la salud mental, la falta de expectativas y de horizontes y, en muchos casos, familias desestructuradas. Orientar de por sí es una tarea titánica en este mundo privado de certezas, y más titánica aún si vives en una caravana de centro en centro.

De infantil a primaria, de secundaria a bachillerato y a la universidad, incluso en euro por habitante invertido en Ciencia, en todo es Madrid la Comunidad que menos invierte. Estar a la cola en inversión en todos y cada uno de los niveles educativos, ha colocado a Madrid a la cabeza de los datos de segregación; a la cabeza no sólo de España, sino de Europa[11]. Estar a la cola en euro invertido por estudiante, pero a la cabeza también en el número de universidades privadas. A la cola en el número de becas por estudiante, pero a la cabeza en segregación en estudiantes con capacidad para pagar 20.000 euros al año por estudiar Medicina.

Es fácil observar, que si no inviertes de manera pública en una institución y en la demanda que presta (y ello aunque la universidad no pueda depender de demanda alguna), esa «demanda» será

---

[11] Comparándose con países, sólo Hungría quedaba por encima: F. J. Murillo y C. Martínez-Garrido, «Magnitud de la segregación escolar por nivel socioeconómico en España y sus comunidades autónomas y comparación con los países de la Unión Europea», *Revista de Sociología de la Educación (RASE)* 11, 1 (31 de enero de 2018), pp. 37-58 [https://turia.uv.es/index.php/RASE/article/view/10129/10853].

satisfecha de manera privada. En torno a ese *algo* en el que no se invierte empezarán a aparecer fondos buitres y empresas que quieren hacerse con el nombre de esa institución, con nombres preciados como Sanidad, Formación Profesional o Educación, nombres de los que depende el ser mismo de la Comunidad, palabra que antecede a «de Madrid», palabra sin duda extraña, palabra que parece ocultar lo que está ocurriendo: que no hay comunidad, que estamos ante una sociedad anónima que diseña un Madrid de dos velocidades. La cosa viene proyectada así desde la infancia. Por ejemplo, en la secundaria, los centros privados y concertados constituyen ya más del 50,3% del parque educativo. Aumentan el número de concertadas y privadas, pero estas sólo acogen al 7,5% del alumnado más desfavorecido. Esto es especialmente grave si, como sabemos, las aulas públicas crecen a una media de 50 aulas al año, mientras que las concertadas lo hacen en unas 218. Cuando se segrega así, hay libertad sólo para una parte de los segregados, libertad sólo para una parte de las familias, es decir, para las que más tienen, las de arriba, libertad para los que no se tienen que preguntar por las condiciones de la libertad, porque la ejercen, partiendo de un contexto económico favorable, con todas las garantías (garantías, que no son constitucionales, de igualdad y libertad verdaderas, porque son simplemente garantías que se compran). Cuando la educación privada y concertada acoge sólo al 7,5% de los alumnos más desfavorecidos, no hay libertad; lo que hay es simple y llana segregación. Recordemos: en los últimos veinte años, se ha pasado de invertir apenas cinco millones de euros en centros que segregan por sexo a invertir diez veces más. Es decir, en Madrid se dedican 49 millones de euros anuales a este tipo de instituciones. 350 millones han llegado a sumar. Pero ¿es eso mucho presupuesto? Los números en abstracto, decíamos también, los carga el diablo –3 millones en becas socioeconómicas–, pero sumemos otro dato: construir un instituto público, de los que no segrega ni discrimina por sexo, raza o patrimonio familiar, según los presupuestos de la Comunidad de Madrid, cuesta entre 5 y 7 millones de euros. Así que con los 350 millones a instituciones que segregan por sexo se podrían haber construido unos 60 centros escolares de titularidad pública. Eso no ocurre, claro está, en municipios en los que la población se ha multiplicado por 3 en 20 años, como, por ejemplo, Parla, donde pasan lustros esperando centros nuevos y donde, mientras tanto, hacinan al estudiantado en barracones. Mientras tanto, se despliegan nuevos concertados y nuevos privados que cubren la enorme demanda. Lugares como Valdebebas han estado o siguen sin un centro público, fuera de la ley, cabe decir fuera de la Constitución, sin poder acceder al artículo 27 de la misma –«todos tienen derecho a la educación»–. Este escollo lo salva el PP mediante la creación del «distrito único», esto es, mediante la capacidad de poder llevar a tus hijos a cualquier centro de la Comunidad de Madrid, de nuevo la libertad, libertad para elegir cualquier centro. Poco tienen que decir los arquitectos de este nuevo Madrid al respecto de que es más fácil llevar a tus hijos a cualquier centro si tienes quien te los lleve mientras tú te vas a trabajar. Es más fácil, sin duda, que llevarlos tú mismo o que obligarles a coger autobuses, intercambiadores, etcétera.

La Comunidad dice que en lo público se adoctrina, que la universidad pública adoctrina –«es un nido de rojos», dijo su presidenta–. Le debe de molestar que 14 universidades privadas generen únicamente el 8% de la investigación que se produce en sólo 6 universidades públicas –ya iremos también a eso–[12]. Pero nunca se ha quejado de que en los centros que segregan por sexo se haya llegado a denunciar que se ofrecen clases de ganchillo a las chicas y visitas al Bernabéu a los chicos. Se ha animado a las chicas a vestir con «feminidad, pudor y modestia», sin desde luego aclarar qué significa «feminidad, pudor y modestia»; eso es, nos dicen,

---

[12] «La privada no investiga: sólo el 8% de las tesis doctorales se leyeron en universidades privadas», *Nortes*, edición digital, 2 de febrero de 2024 [https://www.nortes.me/2024/02/02/la-privada-no-investiga-solo-el-8-de-las-tesis-doctorales-se-leyeron-universidades-privadas/].

libertad de elección. Mientras tanto: investigar la cura del cáncer en la universidad pública, contribuir al desarrollo de partes de un satélite, al desarrollo del 5G para telecomunicaciones como ocurre en nuestras universidades, ser los más solicitados por universidades extranjeras, eso, todo eso, es en cambio doctrina. «Feminidad, pudor y modestia» para las mujeres, subvencionado con 350 millones. ¿No es esta forma de distinción una forma de segregación subvencionada por la propia Comunidad? Mientras tanto, la ONG Bullying Sin Fronteras señalaba que 7 de cada 10 niños españoles puede sufrir acoso o ciberacoso. Madrid está a la cabeza de estos casos, y Madrid está también a la cabeza de que en esto se invierta más bien poco. Según Save the Children, en un trabajo de finales de 2021, en sólo 4 años se habían triplicado los casos relacionados con la ansiedad y la depresión. La prevalencia de estos problemas se triplica en las familias que tienen una renta básica. Y las autolesiones y conductas autolíticas, sólo del 2020 al 2021, llegaron a subir un 246%, sin encontrar techo alguno todavía.

Podríamos decir también que en Madrid hay más estudiantes que nunca estudiando Medicina. Eso puede ser un dato, y un buen dato, pero habría que añadir que más de la mitad estudian esa carrera en universidades privadas, que en esas universidades privadas hay que pagar mínimo unos 20.000 euros al año y que en esas universidades no se investiga. El 53% de los estudiantes de Medicina tienen padres universitarios, frente al 15% de los que estudian Trabajo social[13]. Si prolongamos esto en el tiempo y con-

---

[13] Fundación CYD, *Informe CYD 2023: ¿Cómo es el perfil del estudiante universitario en España y cuál es la oferta formativa?*, 18 de enero de 2024 [https://www.fundacioncyd.org/informe-cyd-2023-como-es-el-perfil-del-estudiante-universitario-en-espana-y-cual-es-la-oferta-formativa/]. E. Silió, «El 53% de los alumnos de Medicina tienen padres universitarios, frente al 15% en Trabajo social: la herencia familiar pesa», *El País*, edición digital, 29 de abril de 2024 [https://elpais.com/educacion/2024-04-29/el-53-de-los-alumnos-de-medicina-tienen-padres-universitarios-frente-al-15-en-trabajo-social-la-herencia-familiar-pesa.html]. Este texto tiene una doble dedicatoria. En primer lugar, a lo largo de este bloque verán numerosas referencias a artículos publicados por la periodista de investigación Elisa

vertimos el acceso a los estudios de Medicina en un bien privado, estaremos generando segregación. Y todo ello sin mencionar el más determinante de todos estos problemas: la vivienda.

EL IMPUESTO DE LA FALTA DE IMPUESTOS

La ligera paloma, al surcar en libre vuelo el aire cuya resistencia siente, podría persuadirse de que en un espacio vacío le podría ir aún mucho mejor.

Immanuel Kant, *Crítica de la razón pura*

De algo como de esto que acabamos de citar de Kant es de lo que intenta convencer el Gobierno de la Comunidad de Madrid a su ciudadanía. Imaginemos un mundo sin impuestos. Podríamos persuadirnos –como la paloma– de que, al quitarnos esas resistencias –de los impuestos en lugar del aire–, podría irnos mejor –esto es, podríamos, como la paloma, volar más libres todavía–. De 2009 a 2020, el gasto en educación de las familias madrileñas se ha duplicado. La OCU estima que incluso se ha pasado de un gasto de 400 euros por estudiante en 2010 a uno de 3.422 euros en 2024

Silió. Desde hace años viene siguiendo, casi en exclusiva, y llegando siempre antes, y con un ahínco y un tesón insuperables, todo lo que tiene que ver con la universidad pública, poniendo la lupa sobre posibles casos de corrupción, sobre la infrafinanciación y dejadez gubernamental, con una neutralidad y una pasión difícil de encontrar. Sin algunos de sus artículos sería difícil saber cómo se genera parte del caldo de cultivo que está en el origen de muchas movilizaciones de los últimos años. Lo ha hecho en muchos casos sola, sin militar en partido alguno, militando sólo en la verdad y en una definición de periodismo que nos regala una necesaria esperanza en momentos en los que nos hace falta. En segundo lugar, y no menos importante, al estudiantado de estas universidades maltrechas, que ha empujado todas las revoluciones sociales en una dirección inclusiva y solidaria, que nos ha tensado a quienes nos tenía que tensar y que marca siempre el rumbo cuando la falta de horizontes se vuelve el único horizonte común, y que lo hace soportando insultos y desplantes. A ese estudiantado irán las últimas palabras de este texto.

en Madrid[14]. 1.640 euros anuales según el BBVA, menos que la OCU, pero aun así un 57% más que la media nacional, un 63% más que en el País Vasco[15]. Ocurre como si se hubiera multiplicado el poder adquisitivo de las familias, como si este no hubiese sido devorado por la inflación. Bajan los impuestos, pero no es lo mismo bajárselos a quien más tiene que el hecho de que el gasto medio por estudiante llegue a 2.400 euros por estudiante. En una familia que ingrese 21.000 euros –media por hogar en Vallecas o Villaverde–[16], 2.400 euros supondrían un esfuerzo enorme, un esfuerzo mayor que el de una familia que ingrese por hogar unos 80.000 euros –que es la media en Pozuelo de Alarcón–. Mientras tanto, se estima que las grandes fortunas se ahorran unos 1.000 millones de euros al año por la bonificación del 100% en el impuesto de patrimonio. Este paraíso fiscal interior dentro de España está llevando a que los grandes patrimonios se empadronen aquí para beneficiarse de estas ventajas. Se ha llamado *dumping fiscal*. El discurso es tramposo, y donde una familia se ahorra 40 euros cuando se anuncia una bajada de impuestos que, sin duda, puede alegrar a esa familia, alguien se está ahorrando varios millones de euros, que es lo que lleva a que, por bajarte a ti 40 euros, termines pagando 2.000 euros de media al año en educación. Lo llaman «tener el dinero en los bolsillos»; te quitan un impuesto que serían esos 40 euros y que sin duda serán 40 euros en el bolsillo, pero a cambio aparece una imposición por otro lado que, en nombre de la libertad, te

---

[14] «Cada familia destinará de media 2.588 euros por hijo en gasto escolar durante 2024-2025, un 13% más, según la OCU», *Europa Press*, edición digital, 29 de agosto de 2024 [https://www.europapress.es/sociedad/noticia-cada-familia-destinara-media-2588-euros-hijo-gasto-escolar-2024-2025-13-mas-ocu-20240829111744.html].
[15] E. Silió, «Madrid es la comunidad que menos invierte en educación pese a su riqueza», *El País*, edición digital, 17 de mayo de 2019 [https://elpais.com/ccaa/2019/05/14/madrid/1557842765_406757.html].
[16] I. Mendi, «La radiografía de la renta de los hogares vallecanos», *Vallecas VA*, edición digital, 14 de octubre de 2019 [https://vallecas.com/la-radiografia-de-la-renta-de-los-hogares-vallecanos/].

supone más de 2.000 euros al año, un impuesto, digamos, indirecto, un pago que haces de 2.000 euros para que otro al que no le cuesta nada pagar esos 2.000 euros se beneficie de eso que, en nombre de la libertad, se llamó «bajada de impuestos».

Como decíamos, Madrid lleva más de 15 años siendo la Comunidad que menos euros por estudiante invierte, y eso se traduce en un impuesto, en ese impuesto extraño de más 2.000 euros al año de media con origen en un ahorro de miles de millones de euros estas últimas décadas en las grandes fortunas. ¿La conclusión? Pues que, partiendo de un estudio de la Universidad Autónoma, basado en el Informe PISA, «sólo Hungría [un país entero] supera a Madrid como la región europea que más segrega»[17]. Según la OCDE, Madrid puede compararse como capital de la segregación con países enteros que, por renta per cápita, deberían de estar en otro rango muy inferior de la lista: Turquía y Lituania. La UNESCO lo resume así: Madrid es la Comunidad de Europa en la que menos se juntan ricos y pobres en las aulas.

---

[17] A. Torres Menárguez y J. Mouzo, «Cerco a los colegios gueto ante la concentración de inmigrantes», *El País*, edición digital, 19 de marzo de 2019 [https://elpais.com/sociedad/2019/03/18/actualidad/1552939159_817308. html].

CAPÍTULO II

Radiografía de una infrafinanciación estructural. La universidad con un respirador artificial

En el año 2013, el Tribunal Supremo confirmaba que la Comunidad de Madrid tenía que pagar 43 millones de euros a la Universidad Complutense de Madrid por el incumplimiento de la presidenta Esperanza Aguirre del Plan de Financiación y del Plan de Inversiones, de los que, en el eje 2007-2011[1], dependía la viabilidad de las universidades públicas, sus infraestructuras y su personal[2]. Las universidades públicas se defendieron judicialmente, y la Comunidad de Madrid perdería hasta 30 procesos judiciales, obligándola en 2019 a abonar, con el añadido de los intereses por la demora, 460 millones de euros[3]. Pero las sentencias eran para aque-

---

[1] Comunidad de Madrid, Orden 85/2007, de 15 de enero, del Consejero de Educación, por la que se establece el Plan de Inversiones en las Universidades Públicas de la Comunidad de Madrid para el periodo 2007-2011, *Boletín Oficial de la Comunidad de Madrid* 28, 2 de febrero de 2007, pp. 14-22 [https://www.bocm.es/boletin/CM_Boletin_BOCM/2007/02/02/02800.pdf]. Dirección General de Universidades e Investigación, *Modelo de financiación de las Universidades Públicas de la Comunidad de Madrid 2006-2010*, Madrid, Comunidad de Madrid, 2006 [https://www.madrid.org/bvirtual/BVCM001729.pdf].

[2] Tribunal Supremo, Sentencia n.º 1209/2018, recurso de casación 2183/2016, 10 de julio de 2018, sobre el incumplimiento del Plan de Inversiones universitario por parte de la Comunidad de Madrid [https://noticias.juridicas.com/actualidad/jurisprudencia/6093-el-tribunal-supremo-confirma-el-pago-de-43-3-millones-de-la-comunidad-de-madrid-a-la-universidad-complutense-por-incumplir-el-plan-de-inversiones/].

[3] J. J. Mateo, «La justicia obliga a la Comunidad a pagar 460 millones a las universidades públicas», *El País*, edición digital, 7 de marzo de 2019 [https://elpais.com/ccaa/2019/03/07/madrid/1551981907_843073.html].

llos Gobiernos del Partido Popular lo de menos. Mientras la Comunidad perdía juicio tras juicio, abonaba el sistema universitario privado y sólo en ese mismo 2019 aprobaba, a dos meses de las elecciones, tres universidades privadas nuevas. El destino del espacio de educación superior de la Comunidad de Madrid comenzaba a sellarse. Las enormes tasas de desigualdad ya no podían tener como excusa la crisis de 2007; en el resto de Comunidades Autónomas estábamos asistiendo a una lenta recuperación de la inversión, mientras que Madrid, todavía en 2025, sigue a la espera de una ley que garantice una financiación plurianual suficiente. Para el estudiantado que se quedó fuera durante aquellos años, será siempre demasiado tarde, con los dolores causados, las desigualdades producidas y diseñadas, la pérdida de esperanzas como modelo, la realidad de muchas de las familias que ven agravada la situación elijan lo que elijan, busquen lo que busquen, deseen lo que deseen.

Pues bien, los Planes de Financiación plurianuales son la forma normal mediante la cual las universidades públicas calendarizan su futuro. Estas no pueden depender de que cada año se aprueben unos nuevos presupuestos, como ocurre con otras instituciones, su función exige programar su actividad a lo largo de años, de lustros –por lo que respecta, por ejemplo, al estudiantado y la duración de sus grados y posgrados–, a veces de décadas –por lo que respecta a su obligada labor investigadora–. Pensemos, por ejemplo, en un laboratorio que, buscando formas para curar un determinado tipo de cáncer, tuviera que solicitar cada año la financiación para proseguir con su investigación, sin saber si va a poder o no continuar, sin saber si puede o no pedir aquellos materiales de laboratorio que tardan en llegar. Roma no se construyó en un día, que decía la canción. En 2016, la Comunidad de Madrid, gobernada entonces por Cristina Cifuentes, realizaría un pago de 260 millones para empezar a saldar la deuda[4], pero el daño ya era irreversible.

---

[4] Comunidad de Madrid, «El Gobierno regional abonará a las universidades públicas 259,6 millones de euros por sentencias firmes», nota de prensa, 3 de mayo de 2016 [https://www.comunidad.madrid/file/118540/download].

Dejaron a las universidades públicas sin posibilidad alguna de cumplir con sus funciones y, mientras tanto, el Gobierno pisaba el acelerador para que el cambio de modelo fuese efectivo cuanto antes.

En el ínterin, otras Comunidades Autónomas aumentaban sus presupuestos para adaptarse a un mundo en el que los informes internacionales cifraban en la educación de la ciudadanía el destino de una realidad cambiante en la que los horizontes compartidos se evaporaban y las explicaciones simples conducían a callejones sin salida[5]. El País Vasco invertía en 2024, según la OCDE, 1,8 veces más por estudiante que la Comunidad de Madrid[6]. En 2025 se presupuestaron 1.122 millones de euros, menos que los 1.146 millones del presupuesto destinado en 2009, en el que la parte dedicada a las universidades públicas alcanzaba el 0,58% del presupuesto regional. Hoy difícilmente pasa del 0,4%. El resto de las Comunidades Autónomas consiguen mantener la media en torno al 0,55%, que sin duda se encuentra lejos del 1% del PIB que fija la ley estatal como objetivo a alcanzar para el 2030 y que sobrepasan muchos de los países del entorno[7].

5 UNESCO IESALC, *La educación superior en América Latina y el Caribe: avances y retos*, París, UNESCO, 2020 [https://unesdoc.unesco.org/ark:/48223/pf0000392578.locale=en]. Asociación Internacional de Universidades (AIU), *Encuesta mundial sobre educación superior y desarrollo sostenible: resumen ejecutivo*, París, AIU, 2019 [https://www.iau-aiu.net/IMG/pdf/iau_hesd_survey_report_executivesummaryespfinal.pdf]. UNESCO, *Informe de seguimiento de la educación en el mundo 2020. Inclusión y educación: todos y todas sin excepción*, París, UNESCO, 2020 [https://unesdoc.unesco.org/ark:/48223/pf0000374817]. Asociación Internacional de Universidades (AIU), *Encuesta mundial sobre educación superior y desarrollo sostenible: resumen ejecutivo*, París, AIU, 2019 [https://www.iau-aiu.net/IMG/pdf/iau_hesd_survey_report_executivesummaryespfinal.pdf].
6 Ministerio de Educación y Formación Profesional, *Panorama de la educación 2024: indicadores de la OCDE. Informe español*, Madrid, Ministerio de Educación y Formación Profesional, 2024 [https://www.libreria.educacion.gob.es/libro/panorama-de-la-educacion-indicadores-de-la-ocde-2024-informe-espanol_184584/].
7 Ley Orgánica 2/2023, de 22 de marzo, del Sistema Universitario, artículo 55, *Boletín Oficial del Estado* 70, 23 de marzo de 2023 [https://www.boe.es/buscar/act.php?id=BOE-A-2023-7500].

Como vamos a ver, el presupuesto actual no cubre ni el 60% del coste de la universidad, lo que, en un proceso que se agrava año tras año, obliga a las universidades a buscar fuera de la institución la financiación necesaria para compensar esa falta de inversión[8]. Para estar en la media, Madrid tendría que pasar de 1.122 millones a 1.383 millones de euros, y si quisiera equipararse a la inversión por estudiante que realiza, por ejemplo, Navarra, tendrían que invertirse unos 1.786 millones de euros[9]. La disparidad de inversión por estudiante se agrava todavía más en otros casos, suponiendo hasta un 85% si comparamos Madrid con La Rioja, esto es, 143 puntos a favor de La Rioja frente a 77 en Madrid según un informe de la CRUE[10].

Así, los datos son tozudos, con un 36,5% de renta per cápita superior estamos un 21% por debajo de la media estatal de inversión por estudiante. Frente a 5.300 euros promedio por alumno en Madrid tenemos 6.300 en Catalunya[11]. Un poco superior son los 6.783 euros de Málaga, y muy por encima están los 7.323 euros invertidos en Castellón. En La Rioja, la financiación está en los 9.589 euros por estudiante; en Navarra, en 9.689 y en el País Vasco, en 9.065. Ahora veremos en qué se traduce esto, pero por ahora digamos que Madrid es la única Comunidad en la que ha bajado el

---

[8] Comisiones Obreras de Madrid, «CCOO: el Proyecto de Presupuestos 2025 es un ataque directo a las Universidades Públicas», Federación de Enseñanza de CCOO de Madrid, edición digital, 28 de noviembre de 2024 [https://feccoo-madrid.org/noticia:712171--CCOO_el_Proyecto_de_Presupuestos_2025_es_un_ataque_directo_a_las_Universidades_Publicas&opc_id=9f666eca08d47ba26c6a09927d7abbbb].

[9] *Ibid.*

[10] J. Hernández Armenteros y J. A. Pérez García (dirs.), *La Universidad Española en Cifras. Año 2021 y curso académico 2021/2022*, CRUE Universidades Españolas, junio de 2024 [https://www.crue.org/wp-content/uploads/2024/06/UEC-2021-2022.pdf].

[11] P. González, «Las universidades de Madrid y Cataluña son las que reciben menos financiación», *Cinco Días*, edición digital, 3 de diciembre de 2024 [https://cincodias.elpais.com/economia/2024-12-03/las-universidades-de-madrid-y-cataluna-son-las-que-reciben-menos-financiacion.html].

esfuerzo público en sus universidades desde la crisis de 2008. Si miramos otros países del entorno, frente a los ya mencionados 5.300 euros nos encontramos con que en algunas ciudades con una menor renta per cápita la inversión es mayor. En Lisboa, sin ir más lejos, podemos encontrar una inversión de unos 8.360 euros por estudiante[12]. En la Freie de Berlín se llega a los 11.800 euros y, también de Berlín, en la Humboldt nos encontramos con 14.200 euros[13].

Las consecuencias no se han hecho esperar y, para mantener abiertas las universidades, estas tuvieron que realizar ajustes en los precios de las matrículas, en las contrataciones y en las infraestructuras. Veamos.

DEL ESTUDIANTADO O HISTORIA DE UNA TRAICIÓN

La venganza se ejecutó de diferentes maneras con una vileza difícil de ocultar. Para compensar la falta de financiación, la Comunidad de Madrid diseñó un plan que consistía en subir radicalmente las tasas al estudiantado madrileño; lo hicieron aprovechando el Decreto-ley 14/2012, del 20 de abril, de medidas urgentes de

---

[12] Universidade de Lisboa, *Relatório de Gestão e de Atividades 2023*, Lisboa, Universidade de Lisboa, 2024, p. 87 (quadro 61) [https://www.ulisboa.pt/sites/default/files/documents/document/default/ra-2023-final_aprovado_para_publicacao.pdf]. Universidade de Lisboa, «ULisboa em números», Lisboa, Universidade de Lisboa, 2024 [https://www.ulisboa.pt/sites/default/files/documents/document/default/ulisboa_numeros.pdf].

[13] Freie Universität Berlin, «Facts and Figures», Berlín, Freie Universität Berlin, 2024 (financiación pública anual 2023: 400 M €; estudiantes 33.900) [https://www.fu-berlin.de/en/universitaet/zahlen/index.html]. Humboldt-Universität zu Berlin, *Haushaltsplan 2022* (Gesamtplan, Summe 515.019.000 €), Berlín, HU Berlin, 2021, p. 5 [https://www.haushaltsabteilung.hu-berlin.de/de/haushaltswirtschaft/haushaltsplanung/hhpl_2022.pdf]. Humboldt-Universität zu Berlin, «Facts and Figures», Berlín, HU Berlin, 2024 [https://www.hu-berlin.de/en/about/humboldt-universitaet-zu-berlin/facts/standardseite].

racionalización del gasto público en el ámbito educativo[14]. El Ministerio de Educación, con José Ignacio Wert a la cabeza, autorizaba a las Comunidades a subir hasta el 25% el coste real de la enseñanza. La Comunidad de Madrid, gobernada primero por Esperanza Aguirre y después por Ignacio González –que ingresaría en prisión por su implicación en el caso Lezo–, no dudó y optó por la subida más agresiva. Grados que en 2011 suponían un pago de matrícula de unos 1.000 euros anuales pasaron en 2011 a un coste que rondaba los 1.500 o, ya en 2013, los 1.600 euros. Los másteres llegaron en algunos casos a los 4.000 euros anuales y en las segundas y terceras matrículas el coste se multiplicaba.

Hasta el 3 de junio 2020[15] el Gobierno no publicó en el *Boletín Oficial del Estado* el acuerdo que obliga a las Comunidades a bajar las tasas, poniendo una fecha límite en el año 2023. Madrid se resistió a firmar la bajada, a diferencia de otras regiones como Cataluña o Andalucía.

El Partido Popular espera al último momento, esto es, a la fecha límite para realizar esa bajada, como esos estudiantes –todos hemos tenido alguno– que esperan al último segundo para enviar-

---

[14] *Real Decreto-ley 14/2012, de 20 de abril, de medidas urgentes de racionalización del gasto público en el ámbito educativo*, Boletín Oficial del Estado 96, 21 de abril de 2012 [https://www.boe.es/buscar/act.php?id=BOE-A-2012-5337].

[15] Ministerio de Universidades, «Resolución de 29 de mayo de 2020, de la Secretaría General de Universidades, por la que se publica el Acuerdo de 27 de mayo de 2020 de la Conferencia General de Política Universitaria, por el que se fijan los límites máximos de los precios públicos por estudios conducentes a la obtención de los títulos universitarios oficiales para el curso 2020-2021», *Boletín Oficial del Estado* 156, 3 de junio de 2020 [https://www.boe.es/diario_boe/txt.php?id=BOE-A-2020-5605]. Ministerio de Universidades, «Resolución de 30 de marzo de 2021, de la Secretaría General de Universidades, por la que se publica el Acuerdo de la Conferencia General de Política Universitaria de 29 de marzo de 2021, por el que se establece la equiparación de los precios de primera matrícula de los másteres habilitantes a los precios medios de la primera matrícula de grado para el curso 2022-2023», *Boletín Oficial del Estado* 83, 7 de abril de 2021 [https://www.boe.es/diario_boe/txt.php?id=BOE-A-2021-5399].

te el correo con el trabajo de la asignatura. No es hasta agosto de 2023[16] que el Gobierno de la Comunidad de Madrid no anuncia a bombo y platillo una bajada histórica de tasas. Pero al mismo tiempo, de tapadillo, en secreto, con nocturnidad, con alevosía, tras haberlo celebrado ante las cámaras, acuden a los tribunales a presentar un recurso. Se oponían legalmente a lo que celebraban públicamente. Seamos claros: presentan un recurso para que sea caro estudiar en la universidad, un recurso que, en caso de prosperar, sólo conseguiría que hubiese más gente que se quedase fuera de la universidad, que, en definitiva, los más desfavorecidos se quedasen sin poder pagar la matrícula. Ya, becas, ahora hablaremos de eso. Pero tengo que repetirlo, porque es difícil de creer: acuden a los tribunales para impedir que prospere aquello que celebran como un logro. La hemeroteca es tozuda y estamos ya en la era de lo que viene después de internet. Apuraron y apuraron hasta el último minuto, celebran el gol –la bajada de tasas– y ellos mismos piden el VAR, ellos mismos quieren perder, ellos mismos quieren, sobre todo, que pierdan aquellos que podrían beneficiarse de esa bajada de tasas. Dicho de otra manera, mientras una parte del Gobierno vendía en los platós la bajada histórica, otra parte del Gobierno estaba en la Audiencia Nacional pidiendo que se anule la norma legal que obligaba a la bajada de tasas. «El Gobierno carece de la debida motivación», dijeron[17].

Suplica a la Sala que, teniendo por presentado el presente escrito, lo admita, tenga por formulada demanda contra el Acuerdo de 27 de mayo de 2020, de la Conferencia General de Política Universitaria […] y, previa la tramitación oportuna, [para que] dicte sentencia por

---

16 E. Silió, «Ayuso se apunta ahora el tanto de la bajada de tasas universitarias, pese a que las llevó a los tribunales para no reducirlas», *El País*, edición digital, 2 de julio de 2022 [https://elpais.com/educacion/universidad/2022-07-02/ayuso-se-apunta-ahora-el-tanto-de-la-bajada-de-tasas-universitarias-pese-a-que-las-llevo-a-los-tribunales-para-no-reducirlas.html].

17 *Ibid.*

la que estime el presente recurso contencioso administrativo, con la consiguiente anulación del Acuerdo [de la bajada de tasas][18].

Falta de motivación, dice el escrito enviado a la Sala de la Audiencia Nacional –recordemos, después de anunciar la bajada como histórica–. Acabar con las cotas de segregación que, como veíamos más arriba, llevaban a Madrid al podio europeo, no era suficiente motivación. Aquel mismo 2023, la UNIE, Universidad Privada Internacional de la Empresa, perteneciente al grupo Planeta era inaugurada por Felipe VI[19]. Los numerosos informes en contra, que ponían en duda la calidad del proyecto, no fueron tomados en cuenta por el Gobierno de la Comunidad de Madrid, que la aprobó sin mediar un verdadero debate parlamentario sobre la viabilidad y necesidad de esta nueva universidad privada[20].

---

[18] *Ibid.*
[19] J. Villaverde, «Felipe VI inaugura UNIE, universidad que nace con la vocación de adaptarse a un mundo en transformación», *La Razón*, edición digital, 4 de octubre de 2023 [https://www.larazon.es/sociedad/felipe-inaugura-unie-universidad-que-nace-vocacion-adaptarse-mundo-transformacion_20231004651d8977e0d7620001df5b73.html].
[20] Ministerio del Interior, «Resolución de 14 de febrero de 2023, de la Secretaría General Técnica, por la que se publica el Convenio con la Universidad Internacional de la Empresa, para el desarrollo de prácticas académicas externas», *Boletín Oficial del Estado* 42, 18 de febrero de 2023 [https://www.boe.es/diario_boe/txt.php?id=BOE-A-2023-4354]. Ministerio de Universidades, «Resolución de 28 de septiembre de 2022, de la Secretaría General Técnica, por la que se publica el Convenio con la Universidad Internacional de la Empresa, para la evaluación de la actividad investigadora del personal docente e investigador contratado», *Boletín Oficial del Estado* 234, 29 de septiembre de 2022 [https://www.boe.es/diario_boe/txt.php?id=BOE-A-2022-17264]. Ministerio de Educación, Formación Profesional y Deportes, «Resolución de 11 de noviembre de 2024, de la Secretaría General Técnica, por la que se publica el Convenio con la Universidad Internacional de la Empresa, para la realización de prácticas externas en los centros educativos dependientes del Ministerio en Ceuta», *Boletín Oficial del Estado* 275, 15 de noviembre de 2024 [https://www.boe.es/diario_boe/txt.php?id=BOE-2024-24002].

Pues bien, en la Comunidad de Madrid las tasas siguen siendo las más altas de todo el Estado, esto es, Madrid sigue optando por hacer más difícil el acceso a la universidad. Puede verse que el coste de la matrícula de un curso académico completo (60 créditos) oscila entre los 706,8€ de Galicia y los 1.390,2€ de la Comunidad de Madrid, lo que significa que estudiar en Madrid cuesta un 97% más que en Galicia»[21]. A ello se suma que vivir en cualquier otra ciudad significa que, además de unas tasas de matriculación sustancialmente más bajas, el coste de vida es hasta la mitad.

Esto es, el coste de las tasas puede ser del doble, y también el doble la tasa madrileña de matriculación; un total de cuatro veces más gastos…, y añadamos, si queremos, el coste de oportunidad de los enormes desplazamientos que hay que hacer en la ciudad de Madrid y la falta de becas de la que ahora hablaremos. Mientras tanto, en Andalucía nos encontramos «matrículas bonificadas al 99% para todo estudiante que vaya aprobando desde 2017»[22].

Comparar con otros países, como veíamos más arriba cuando hablábamos de la inversión por estudiante, tampoco es una buena opción. En Francia, los estudiantes de la Unión Europea están exentos de pagar las tasas universitarias, salvo un cargo de unos 170 euros al año. Los estudiantes de Madrid pagan, pues, más por sus estudios que los estudiantes belgas, más de lo que pagan en Croacia, en Eslovaquia, en Alemania –donde pagan unas diez veces menos–, más que en Portugal o en Serbia. Más incluso que en Luxem-

---

[21] «Entre las 10 universidades con mayores recaudaciones por precios públicos [Tasas] por matriculado aparecen cinco de Madrid (Carlos III, Complutense, Autónoma, Politécnica y la de Alcalá)», Fundación CYD, «Informe CYD 2024: Universidad, talento e innovación», edición digital, 2024 [https://www.fundacioncyd.org/publicaciones-cyd/informe-cyd-2024/].

[22] Consejería de Universidad, Investigación e Innovación, «Bonificación del 99 % de cada crédito aprobado en primera matrícula», Junta de Andalucía, consultado el 7 de junio de 2025 [https://www.juntadeandalucia.es/organismos/universidadinvestigacioneinnovacion/areas/universidad/talento/paginas/bonificacion-creditos-matriculas.html].

burgo, donde pagan unos 800 euros y donde el salario mínimo es de 2100 euros y la renta per cápita, de unos 128.678 dólares[23].

Y sí, si hablamos de becas, Madrid es la Comunidad Autónoma con menos becas públicas por estudiante. Para 2021 presupuestaron un 50% menos de becas de lo que habían ejecutado en 2020 y un 8% menos de lo que habían presupuestado en 2019. Aquel 50% extra se debía a las ayudas de los Fondos COVID y otros fondos estatales, europeos, en ningún caso madrileños. Madrid es así la Comunidad con menos becas por estudiante, y seguiría estando muy por debajo de otras Comunidades incluso teniendo en cuenta ese 50% extra que les vino dado de otras instituciones con motivo del covid-19[24]. Esto lleva a que en cualquier vicerrectorado de estudiantes podamos encontrar cómo los equipos de personal viven verdaderos dramas humanos a la hora de decidir quién recibe en último término la beca. En multitud de casos, dos estudiantes dicen que sin ella no podrían continuar con sus estudios. Es así como se están permitiendo en Madrid situaciones terribles de abandono de la carrera universitaria, generando cotas de sufrimiento inimaginable en estudiantes que quieren seguir con sus grados.

Pongamos una comparación para que los datos tomen sentido. Comparemos, por ejemplo, la Comunidad de Madrid, gobernada por el Partido Popular, con otra Comunidad gobernada igualmente por el Partido Popular. En Valencia, que tiene aproximadamente la mitad de estudiantes, la cosa es muy diferente. En Madrid hay unas 9.500 becas entre socioeconómicas, de excelencia y Erasmus plus. Ello para más de 200.000 estudiantes. Las becas socioeconómicas son, además, incompatibles con las becas del mi-

[23] Banco Mundial, «PIB per cápita (USD nominal) (NY.GDP.PCAP. CD) – Luxemburgo», *World Bank Data*, consultado el 7 de junio de 2025 [https://data.worldbank.org/indicator/NY.GDP.PCAP.CD?locations=LU].

[24] B. Ferrero, «Madrid se ahorra el dinero destinado a las becas universitarias y las financia con los Fondos COVID del Estado», *El País*, edición digital, 24 de noviembre de 2020 [https://elpais.com/espana/madrid/2020-11-24/madrid-se-ahorra-el-dinero-destinado-a-las-becas-universitarias-y-las-financia-con-los-fondos-covid-del-estado.html].

nisterio. En Valencia, por su parte, se dedicaron más de 32 millones de euros en 2022 y la cuantía sigue subiendo[25]. Ello para unos 100.000 estudiantes de grado y 17.000 estudiantes de máster. La beca Manuela Solís tiene una cuantía de unos 22 millones de euros para unos 6.000 beneficiarios; es una beca salario, una suerte de renta mensual que se puede sumar a otras becas del Estado y a otras becas de la propia Generalitat[26]. Se añade, además, una beca destinada a la exención de tasas, con un presupuesto de unos 5 millones de euros y que tiene unos 5.000 beneficiados[27]. Hay también becas de excelencia académica, sí, pero hay asimismo ayudas al transporte universitario que se conceden a las propias universidades para que las gestionen. Se suma a todo ello una beca de finalización de estudios, para aquel estudiante al que le queden menos de 24 créditos para terminar los estudios y que esté atravesando dificultades económicas. Está, desde luego, el complemento Erasmus, dotado de unos 750.000 euros para 465 estudiantes.

En el caso de ese último complemento, el llamado Erasmus+, fue Madrid la Comunidad Autónoma que se sumó en último lugar. Cuando nos hablan de libertad de elección para irse y estudiar donde queramos, no podemos llevarnos a engaño: esa libertad de elección está troquelada por un *a priori* que designa quién puede vivir y habitar esa definición de libertad, está troquelada por el

---

[25] Los números varían dependiendo de la noticia y de las becas –que son múltiples– que se tengan en cuenta. Dejemos este ejemplo: EP, «La Comunitat lidera la inversión en becas universitarias en España, con 29 millones de euros», *Valencia Plaza*, edición digital, 17 de julio de 2022 [https://valenciaplaza.com/comunitat-lidera-inversion-becas-universitarias-espana-29-millones-euros].

[26] Conselleria de Educación, Universidades y Empleo, «Resolución de 3 de mayo de 2024, por la que se convocan las becas "Manuela Solís" para la realización de estudios universitarios en las universidades que integran el Sistema Universitario Valenciano», DOGV 9.844, 8 de mayo de 2024 [https://dogv.gva.es/datos/2024/05/08/pdf/2024_3964.pdf].

[27] Conselleria de Educación, Investigación, Cultura y Deporte, Orden 21/2016, de 10 de junio, DOGV 4410, 14 de junio de 2016 [https://dogv.gva.es/datos/2016/06/14/pdf/2016_4410.pdf].

patrimonio y la renta. Es una libertad del que más tiene y del que menos necesita. La falta de financiación ha convertido el programa Erasmus en un nuevo programa elitista, un programa segregador, para que unos pocos puedan tener la experiencia que se designa por los Gobiernos desde la libertad.

Según la Comisión Europea, el 31% del alumnado que decide no realizar ningún tipo de movilidad internacional es por inseguridad económica[28]. Ese mismo informe nos cuenta cómo el 59% de las personas que salieron al extranjero recibieron menos de la mitad del apoyo económico necesario; por su parte, el 80% de los que no se movieron, dijeron que hubieran necesitado un 50% más del apoyo económico que el que se podía obtener mediante la beca. La Comisión Europea asegura que el 73% de las personas que participan en el programa Erasmus no proceden de entornos desfavorecidos, lo que en último término puede resumirse en que sólo los privilegiados pueden salir fuera y formarse.

Esta presión estructural sobre las universidades también se refleja en los procesos de admisión. En titulaciones de alta demanda como Física, se han producido aumentos notables de las notas de corte necesarias, restringiendo el acceso incluso a estudiantes con expedientes sobresalientes. Por ejemplo, en la Universidad Complutense de Madrid, la nota de corte para el Grado en Física pasó de 7,003 (sobre 14) en 2012-2013 a 11,528 en 2017-2018. En la Universidad Autónoma de Madrid, la cifra alcanzó el 12,628. Esto implica que aspirantes con calificaciones equivalentes a un 8 sobre 10 quedan excluidos, frustrando expectativas profesionales y vocacionales legítimas[29].

[28] Comisión Europea, Dirección General de Educación, Juventud, Deporte y Cultura, *Erasmus + Annual Report 2021*, Luxemburgo, Publications Office of the European Union, 2022, p. 45 [https://op.europa.eu/en/publication-detail/-/publication/ff16650b-7b6e-11ed-9887-01aa75ed71a1].

[29] J. Köwitz, «Aumentar número de plazas y/o incorporar el Grado en Física en más universidades madrileñas», Change.org, 23 de febrero de 2018 [https://www.change.org/p/aumentar-n%C3%BAmero-de-plazas-y-o-incorporar-el-grado-en-f%C3%ADsica-en-m%C3%A1s-universidades-madrile%C3%B1as].

Esta competitividad extrema, unida a la precarización del sistema, está teniendo efectos gravísimos sobre el estudiantado. La insuficiente financiación pública que afecta desde hace años a las universidades madrileñas tiene consecuencias estructurales sobre la calidad de la enseñanza superior en la región. Esta limitación presupuestaria repercute directamente en la reducción o precarización de actividades formativas esenciales, como las salidas de campo o las prácticas en entornos profesionales, que son pilares clave en muchas titulaciones científicas, técnicas o vinculadas a las ciencias sociales y naturales.

Ninguna universidad madrileña figura entre las diez con mejores ratios de profesorado por alumno, un indicador asociado a una mayor calidad educativa y atención personalizada. En ese grupo destacan, en cambio, las tres universidades gallegas, las dos canarias y varias instituciones andaluzas, lo que pone de manifiesto una estructural disparidad territorial entre unas Comunidades y otras. Todo ello afecta especialmente a los estudiantes con más dificultades, esos que pagan segundas y terceras matrículas, que en muchos casos son aquellos que no pueden vivir cerca de la universidad, que dependen de autobuses, trenes, conexiones, huelgas de autobuses, trenes parados, averiados, conexiones insuficientemente conexas. Si se observa el número de pagos de segundas matrículas al cruzarlo con distancia geográfica a las universidades, los datos, como podemos imaginar, son desalentadores, a la par que obvios e ignorados por las administraciones públicas.

Con todo esto, no es de extrañar que haya estudios recientes que muestran que el 39% de los doctorandos presentan síntomas de depresión moderada o severa, frente al 6% de la población general, lo que pone de manifiesto el estrés estructural al que están sometidos los jóvenes investigadores en contextos universitarios bajo presión[30].

---

[30] T. M. Evans, L. Bira, J. B. Gastelum, L. T. Weiss y N. L. Vanderford, «Evidence for a mental health crisis in graduate education», *Nature Biotechnology* 36 (2018), pp. 282-284 [https://www.nature.com/articles/nbt.4089].

Los edificios, sobre todo los edificios grandes, tienden a costar mucho dinero; su mantenimiento, que sean capaces de garantizar la seguridad, que sean salubres, que estén limpios, es verdaderamente caro. Pero antes de dar números de nuestras universidades pongamos algunos ejemplos para hacernos a la idea de cuánto cuestan las cosas y en qué gasta su presupuesto la Comunidad de Madrid. Pongamos como ejemplo un edificio grande e histórico –como los que tienen casi todas las universidades públicas–, la plaza de toros de las Ventas. Es sólo un edificio frente a los más de 200 que tienen las universidades públicas. Y sin duda es un edificio histórico, como lo es el Colegio Mayor de San Ildefonso de la Universidad de Alcalá.

Pues bien, en 2018 se destinaban 1,1 millones de euros[31], en 2023 unos 2,1 millones y en 2023 unos 11,5 millones[32]. Estos eran un extra para poner la plaza al día, extra que se sumaba a sus presupuestos habituales[33]. La reforma, que estaba destinada a garantizar la salubridad y la limpieza, a renovar interiores y graderíos, accesos y fachada, se termina en 2025[34]. La estimación actual está en unos 17 millones. Estos años atrás las universidades públicas, con sus entre 200 y 250 edificios –según se cuenten–, han estado recibiendo unos 7 millones de euros –todas ellas– al año. ¿Y recordamos lo del plan de financiación? Han prometido un plan para, de aquí a 2021, invertir unos 40 millones más en la plaza de

---

[31] «Finalizamos la primera fase de las obras de rehabilitación de la plaza de toros de Las Ventas», Comunidad de Madrid, edición digital, 27 de septiembre de 2018 [https://www.comunidad.madrid/noticias/2018/09/27/finalizamos-primera-fase-obras-rehabilitacion-plaza-toros-ventas].

[32] «La Comunidad de Madrid avanza en las obras de mejora de la Plaza de Toros de Las Ventas», Comunidad de Madrid, edición digital, 10 de marzo de 2023 [https://www.comunidad.madrid/noticias/2023/03/10/comunidad-madrid-avanza-obras-mejora-plaza-toros-ventas].

[33] «Finalizamos la primera fase de las obras de rehabilitación de la plaza de toros de Las Ventas», cit.

[34] *Ibid.*

las Ventas[35]. Parecen tener suerte, y puede ser normal, porque es un edificio histórico, pero ¿y otros edificios? Es difícil saber cuánto cuestan las cosas, pero, por seguir hablando de asuntos relacionadas con los toros, en el año 2025 se van a invertir unos 3 millones de euros en los derechos televisivos para que Telemadrid pueda retransmitir las corridas[36]. Eso son casi 700.000 euros más de los que tenía presupuestados la Universidad Complutense para sus aproximadamente 50 edificios.

En el borrador de los presupuestos para el año 2025 en la Comunidad de Madrid se contemplaba una dotación para infraestructuras universitarias de tan sólo 7,6 millones, una cifra que representa una drástica reducción respecto al histórico nivel de financiación.

Este importe es 12 veces inferior a los 95 millones de euros presupuestados en 2007, que ya era relativamente poco para las necesidades que tienen las enormes universidades madrileñas, muchas de ellas con edificios históricos, antiguos, y una enorme presión investigadora y estudiantil[37]. Para contextualizar esta cifra, basta con señalar que el País Vasco destina actualmente 32 millones de euros a este mismo capítulo, a pesar de contar con una red mucho más reducida en tamaño[38].

---

[35] Sara Medialdea, «Una reforma integral de 40 millones le dará la vuelta a la plaza de Las Ventas», *ABC*, edición digital, 26 de marzo de 2025 [https://www.abc.es/espana/madrid/reforma-integral-millones-dara-vuelta-plaza-ventas-20250325000300-nt.html].

[36] M. Méndez, «Telemadrid duplica su presupuesto para emitir toros: la cadena incrementa un 113% su gasto en derechos televisivos», *elDiario.es*, edición digital, 13 de marzo de 2025 [https://www.eldiario.es/vertele/noticias/telemadrid-duplica-presupuesto-emitir-toros-cadena-incrementa-113-gasto-derechos-televisivos_1_12128610.html].

[37] E. Silió, «Ayuso destina 7,6 millones a obras en sus seis universidades frente a los 32 que invierte el País Vasco en la suya», *El País*, edición digital, 14 de octubre de 2024 [https://elpais.com/educacion/2024-10-14/el-gobierno-de-ayuso-destina-a-obras-y-reformas-en-sus-universidades-12-veces-menos-presupuesto-que-en-2007.html].

[38] *Ibid.*

La presión de la comunidad universitaria –profesorado, estudiantes y equipos rectorales– logró forzar al Ejecutivo regional a introducir un aumento adicional de 47 millones de euros en el presupuesto final. Pero esta ampliación sigue siendo mínima en comparación con otras Comunidades Autónomas que tienen muchos menos estudiantes. Y de esos 47 millones una parte fundamental va dedicada al capítulo de los presupuestos dedicado a nóminas. Por lo demás, el presupuesto real destinado a inversiones (obra nueva y reformas) permanece congelado desde 2018, tal como destaca un informe de Comisiones Obreras y como se puede observar en los diferentes presupuestos año a año[39]. Aquel año, el Gobierno madrileño aplicó una reducción de 3.169.058 euros respecto a 2017, pasando de 10.844.058 € a 7.675.000 €, nivel que se ha mantenido inalterado hasta el proyecto de 2025. Esta cifra supone una caída del 42,51% en relación con el ejercicio 2012, lo cual imposibilita cubrir siquiera los gastos básicos de mantenimiento de instalaciones. Con ese presupuesto es imposible plantearse la construcción de nuevas dotaciones, de nuevos edificios o de infraestructuras relevantes. El deterioro físico y tecnológico en las universidades es ya prácticamente irreversible.

Sin querer prejuzgar, parece sospechoso, ¿no? Pero vamos a ver, que la cosa es más grave de lo que parece.

Imaginemos que los coches pudieran salir a la carretera sin haber pasado la ITV, salvo que seas un anarcoliberal, y diríamos que, incluso así, preferirías siempre que los demás coches hayan pasado la ITV, que no puedan fallarles los frenos, que no puedan, por un fallo así, comprometer tu seguridad física, ¿verdad? Los edificios tienen su propia ITV y el nombre es hasta parecido. Se llama ITE, Inspección Técnica de Edificaciones. «Pasar la ITE»

---

[39] «Proyecto de Presupuestos Generales de la Comunidad de Madrid para el ejercicio 2024. La Universidad pública, una vez más, la gran olvidada», Federación de Enseñanza de CCOO de Madrid, 21 de noviembre de 2023 [https://feccoo-madrid.org/d4ad27dce5b89dd87e4dd7dfcdd6bd36000063.pdf].

es obligatorio para aquellos edificios que, como los de las universidades públicas madrileñas, dependen del cuidado de las administraciones públicas, y ponen requisitos mínimos de seguridad, de habitabilidad y de salubridad que claramente se incumplen en las universidades públicas madrileñas, poniendo en riesgo al estudiantado, al personal de administración y servicios, al profesorado y a todo aquel que pisa las universidades. El rector de la Universidad Complutense de Madrid, Joaquín Goyache, decía:

> Para cumplir las ITE necesitaríamos unos 1.200 millones […]. Tenemos un millón de metros cuadrados construidos, el segundo edificio civil más grande de Madrid –la Facultad de Medicina–, y lleva muchos años sin invertirse. Son cuestiones imprescindibles de señalética, seguridad… Pues que no tienen dinero… ¡Quien no tiene dinero es la Complutense! […] el presupuesto estimado (con el coste actual) es de 600 millones de euros; es decir, si invirtiéramos todos los años la totalidad de los 2.336.250 que ustedes le asignan en puesta en norma de los edificios (esto es, sin que se estropeara nada, ni se cayeran techos, etc.), tardarían 260 años en hacerlo[40].

¿De quién es la culpa? Las universidades tienen autonomía para gestionar sus espacios, para mantener y reformar sus instalaciones o para diseñar otras nuevas, pero todo ello depende de los fondos asignados por la administración autonómica. Y es ahí donde la competencia pasa a ser de la Comunidad de Madrid, que estaría intentando eludir su responsabilidad institucional y legal con el patrimonio educativo de los madrileños y madrileñas. Que el presupuesto esté congelado desde 2019, que sea un 42,5% menor que en 2012, incumple de manera sistemática el deber de conservación de su patrimonio y pone sobre los gestores de las universidades una presión insoportable para mantener abiertos sus edificios. Tal como ocurre con los coches y la ITV, hablamos

---

[40] Silió, «Ayuso destina 7,6 millones a obras en sus seis universidades frente a los 32 que invierte el País Vasco en la suya», cit.

de una infracción administrativa grave. Pero, más aún, estamos hablando de que la Constitución Española estaría en entredicho, su artículo 27 sería violentado al impedir el acceso a una educación en régimen de igualdad de oportunidades y de calidad. Las autoridades académicas han sido, sin duda, insuficientemente agresivas con una política que impide que se cumpla con la ley, pues hablamos de vulneración de derechos fundamentales. Hablamos también de ignorar la responsabilidad patrimonial de las administraciones públicas, que está regulada en la Ley 40/2015, de Régimen Jurídico del Sector Público, que establece que es la administración la que tiene que encargarse de reparar cualquier daño y de mantener el funcionamiento normal de sus instalaciones. Hablamos de una responsabilidad jurídica de la Comunidad de Madrid. De la misma manera tenemos que hablar del marco normativo relativo a la prevención de riesgos laborales, de la Ley 31/1995, donde los empleadores, que ciertamente es la administración universitaria, pero que depende subsidiariamente del presupuesto autonómico, deben tener condiciones suficientes.

Este marco presupuestario no sólo compromete la sostenibilidad material de las universidades públicas madrileñas, sino que entra en flagrante contradicción con los discursos institucionales que promueven la excelencia y la calidad en la educación superior. Sin una financiación adecuada en infraestructuras y recursos, tales aspiraciones devienen retóricas vacías, al tiempo que se agravan las condiciones de trabajo, de docencia e investigación, al igual que la experiencia educativa del estudiantado. Es así como se han devaluado por completo las condiciones materiales en las que se desarrolla toda la vida universitaria. Veamos algunos ejemplos.

En diciembre de 2024, el hospital veterinario de la Universidad Complutense tuvo que interrumpir temporalmente la atención a los animales por falta de personal. Según fuentes del propio centro, «el centro ha tenido que dejar de atender a los animales a mediados de diciembre por falta de personal, aunque anuncia que retomará su actividad parcialmente en unos días, mientras espera contrataciones que no se concretan por la falta de recursos de la universidad madrileña»[41]. Este hospital había realizado más de 1.600 biopsias en perros y gatos durante los últimos diez años, contribuyendo de manera esencial a la detección temprana de enfermedades como el cáncer en animales de compañía. Por su parte, en la Facultad de Ciencias Físicas, los problemas con el sistema de climatización son crónicos. «El aire acondicionado siempre está mal y tiene importantes repercusiones, porque trabajamos con ordenadores que a ciertas temperaturas se estropean. Todos los veranos se alcanzan temperaturas altísimas».

En el campus de Somosaguas, el deterioro generalizado de las infraestructuras incluye problemas graves de saneamiento en todo el recinto, canalizaciones obsoletas, presencia de uralita en los pasillos laterales del edificio, deficiencias eléctricas que impiden, entre otras cosas, la instalación de placas solares, y goteras persistentes en los lucernarios de la biblioteca. El sistema de climatización es desigual: mientras algunos despachos reciben calefacción o refrigeración, otros no, lo que ha sido descrito como «por alguna razón sólo funciona en el lado izquierdo». Además, muchas aulas no cuentan con sistemas de climatización adecuados, las ventanas no son estancas y llevan tiempo sin poder ser sustituidas. Es sabido además que el proyecto de urbanización del campus está inconcluso y que faltaban las farolas por falta de presupuesto, lo que significa que los aparcamientos están a oscuras. En la Facultad de Ciencias Químicas, Jon Sanz Landaluze explica que, «como seguimos como en los setenta, cuando se inauguró el edificio, aquí vienen muchas productoras a grabar series de época». Detrás de esta ironía se oculta la realidad, una realidad crítica: campanas de extracción construidas de madera, laboratorios con ventanas originales que no cierran bien, una caldera obsoleta, ausencia de rampas

---

[41] Consejo del Hospital Clínico Veterinario Complutense, Comunicado oficial de 12 de diciembre de 2024, por el que se anuncia el cierre temporal del Servicio de Urgencias y Hospitalización de Pequeños Animales por falta de crédito y personal, COLVEMA, 12 de diciembre de 2024 [https://www.colvema.org/noticia/4171].

de accesibilidad y poyatas de madera desvencijada con encimeras de granito que no han sido renovadas desde hace más de 50 años. Según el mismo profesor, su Departamento de Química Analítica ha recibido este año 58.000 euros para 30 docentes, cuando habrían necesitado al menos 100.000. Para compensar este déficit, recurren a la adquisición de equipamiento a plazos, reutilizan material donado por otros centros o incluso desvían fondos de proyectos de investigación para cubrir necesidades básicas, como comprar aire acondicionado portátil, armarios de seguridad para productos tóxicos o simples mesas de trabajo. En el ámbito bibliotecario, la precariedad también es evidente. La segunda biblioteca de Filosofía más importante del país dispone de un presupuesto anual de apenas 13.000 euros. Para contextualizar esta cifra, puede mencionarse que municipios como Torreperogil (Jaén) destinan cantidades similares, superándola incluso si se incluyen programas de lectura. En la Facultad de Medicina, el problema se traslada al ámbito de la docencia clínica. El decano, el doctor Javier Arias, ha declarado que se ha visto obligado a reducir las plazas ofertadas de 320 a 295 debido a la falta de profesores de prácticas en los hospitales públicos. Tal como explica, «estos, profesionales médicos que trabajan en hospitales, han sido copados por la universidad privada, que les ofrece incentivos económicos. De modo que, para no perder calidad en su enseñanza (muy exigente en la Facultad de Medicina de la Complutense, que coloniza siempre los primeros puestos en el MIR), se ven obligados a renunciar a alumnos. Hemos perdido hospital y medio». En el Hospital Universitario 12 de Octubre, la situación se agrava por los efectos de la externalización de servicios. Existen problemas graves de gestión, como la indefinición sobre quién debe cambiar los filtros del aire acondicionado, la falta de taquillas y espacios dignos para los estudiantes, baños insuficientes para el número de usuarios, cocinas inundadas, meses sin botas de agua en zonas de trabajo expuestas a charcos y la presencia de estudiantes trabajando con equipos eléctricos en condiciones de riesgo. Algunos testimonios afirman que «tenemos más trabajo en el hospital nuevo que en el viejo» y denuncian situaciones como el «riesgo de intoxicación en laboratorios» y la exposición continua a ambientes cargados de formol y otros agentes tóxicos, sin equipos de ventilación en funcionamiento.

PROFESORADO. CRÓNICA DE UNA PRECARIEDAD DISEÑADA

Los enemigos son los profesores[42].

Eso respondió Nixon a Kissinger en una entrevista. Dijo que la prensa era el enemigo, que el *establishment* era el enemigo y que los profesores eran el enemigo, y añadió que no lo olvidara y, para ello, que lo escribiera cien veces en la pizarra. Lo repitió el vicepresidente de Donald Trump a finales de 2024 y la Comunidad de Madrid destaca en habérselo tomado en serio, generando un sistema con un tercio más de temporalidad que la que se puede encontrar en otros trabajos con una altísima e injusta temporalidad. Un tercio más de temporalidad, sí, que el sector hostelero, por ejemplo. Ahora lo veremos.

Para empezar: imaginemos que el responsable del salario del profesorado, en este caso la Comunidad de Madrid, sólo pagase el 70 o el 60% del de los policías y que el otro 30 o 40% pasase a depender de la gestión que realiza la comisaría y de la que dicta el comisario jefe. ¿Qué ocurriría? Imaginemos lo mismo con los bomberos, imaginemos que el Estado sólo les pagase el 60%, que cada parque recibiese ese porcentaje para los salarios y que el otro 40% dependiese del propio parque, de los fuegos que apaga, de los gatos que rescata. ¿Y con el ejército?, ¿con la sanidad?

---

[42] «Memorándum de conversación entre el presidente Nixon y Henry Kissinger», *Foreign Relations of the United States*, 1969-1976, vol. VII, Vietnam, julio de 1970-enero de 1972, documento 175, 13 de abril de 1971 [https://history.state.gov/historicaldocuments/frus1969-76v07/d175].

Esto es exactamente lo que ocurre con las universidades madrileñas. El profesorado dejó hace mucho tiempo de depender de los presupuestos de la Comunidad. Los funcionarios públicos dependen de la voluntad de los estudiantes de matricularse o no en una carrera, como si sólo pagásemos a los bomberos cuando apagan incendios, como si no pagásemos a los profesores por su función investigadora, como si la investigación en España se hiciese en las universidades privadas (antes de que nos adelantemos, una de las seis universidades públicas, la Complutense, investiga al año más que las 14 privadas juntas).

¿De dónde sale el resto? ¿Cómo se sostienen las universidades? Pues bien, el otro 30 o 40% del salario del profesorado depende, básicamente, de las matrículas que pagan los estudiantes, inversiones, ventas de patrimonio, alquiler de espacios a empresas, etc. Pero no sólo hay que pagar al profesorado; hay que pagar infraestructuras, muchísimas, hay que pagar inversiones, etc. Y ahí aparece otro círculo vicioso: cuanto más bajas sean las tasas, mejor es sin duda para el alumnado, pero peor para sostener la universidad. Cuantos más estudiantes se acepten, cuanto más se amplíen las ratios, cuantos más estudiantes tengas por profesor, mejor para sostenerla. Pero peor viven los estudiantes, que muchos no podrán pagar esos estudios, y peor viven los profesores, que tendrán que corregir el doble o el triple de trabajos que en muchas otras universidades del país. Cuantos más estudiantes acepte, más presupuesto consigue la universidad, pero más altas son las ratios, más burocracia por grupo tiene el profesorado, menos individualizada es la educación, etcétera.

En la Comunidad de Madrid, el 50% del profesorado tiene más de 50 años. En los próximos diez años se habrá jubilado el 30%. La mitad de los catedráticos y catedráticas de la Comunidad de Madrid y el 25% del profesorado funcionario tienen más de 60 años en 2025.

A ello se suma una temporalidad insostenible en un sistema que tiene que ofrecer certidumbres y estabilidad. Bruselas recomienda para el sector público una temporalidad del 8% (¿cómo va a funcionar si no la policía, el ejército, la sanidad, la educación secundaria o los ferrocarriles?). La media en España está lejos de cumplir con ese objetivo; el sector público tiene una media del 12,5%, pero en el caso de la universidad madrileña se sobrepasa el 50%. Ello depende de cómo lo cuentes, pero permanente en la Rey Juan Carlos tenemos un 31% y en la Carlos III un 36%. A día de hoy, un número creciente de docentes e investigadores en las universidades madrileñas sobrevive con contratos temporales de 1.600 euros mensuales, contratos que en teoría podrían encajar con el perfil de alguien en fase inicial. Sin embargo, la media de edad de estas personas no es de 25 o 30 años: es de 40 años. Y no hablamos de una fase transitoria: la media de edad hasta la que se mantiene esta precariedad es de 44 años. En esos mismos tramos de edad (40-44), buena parte del profesorado está contratado como asociado, con sueldos de 700 euros, o directamente como falsos asociados, con 400 euros al mes por dar clases. Estos contratos no representan una minoría marginal: constituyen el 50% del total de contratos universitarios en la Comunidad de Madrid.

Con estos datos, tenemos que preguntarnos: ¿qué clase de vida se puede construir con un contrato temporal de 1.600 euros en una región como Madrid, donde el alquiler medio supera ampliamente los 1.000 euros mensuales? ¿Dónde vive esa persona? ¿Qué familia puede formar? ¿Cómo concilia, cómo ahorra, cómo cuida? ¿Qué significa para una mujer que quiere tener hijos y tiene 40 años y un contrato temporal, a veces encadenando becas, a veces alternando clases con otros trabajos precarios?

Alguien podría decir que hablamos de un profesorado mediocre, pero se trata de profesoras e investigadores con méritos sobresalientes, con libros publicados, con premios extraordinarios de doctorado, con años y años de docencia universitaria[43]. Perso-

---

[43] E. Silió, «El director de estrategias del MIT: "Nos peleamos por los investigadores españoles"», *El País*, edición digital, 23 de julio de 2022 [https://elpais.com/educacion/universidad/2022-07-23/el-director-de-estrategia-educativa-del-mit-nos-peleamos-por-los-investigadores-espanoles.html].

nas cuya única falta ha sido construir su carrera en una universidad pública que no se sostiene sobre el mérito, sino sobre la precariedad como norma. Nunca la universidad madrileña había concentrado tanto talento, tanta producción académica, tantos méritos contrastables. Y, sin embargo, nunca ha sido tan difícil quedarse en ella, estabilizarse, ascender, construir una trayectoria académica reconocida institucionalmente. El sistema actual no recompensa el mérito, lo castiga: exige más y da menos. Hoy, ser investigador posdoctoral con 40 años en Madrid significa encadenar contratos breves, sin horizonte de estabilización. La media para consolidarse como profesor o investigadora estable ronda los 10 a 15 años tras haber terminado el doctorado. Esto implica que quienes logran estabilizarse lo hacen ya a los 45 años o más, tras más de una década cobrando salarios que no superan los 1.500 euros mensuales, muchos de ellos sin derecho a carrera profesional ni a una plaza fija.

Este sistema penaliza sobre todo a las mujeres, penaliza la maternidad. ¿Puede la educación superior cumplir su función transformadora mientras trata así a quienes la hacen posible? ¿Queremos una universidad de excelencia con condiciones de miseria? Esto significa que hay menos mujeres que dirijan proyectos de investigación, menos acceso a financiación, menos igualdad, algo que tiene un nombre: brecha salarial y techo de cristal. Al hacer esto se secretariza a las mujeres en las universidades, que al ser muchas menos con puestos permanentes tienen que estar en tribunales, en comisiones, y no investigando. Todo ello porque bloquean su promoción posdoctoral. No debería de extrañar, por tanto, que las mujeres tengan un 27% más de posibilidades de sufrir depresión mientras investigan, estando obligadas como están, en muchos casos, a elegir entre la vida personal y la carrera académica.

¿El salario? Si lo cruzamos con el coste de vida, es el más bajo de toda España. El salario medio del profesorado está en torno a los 27.000 euros (que irá bajando con la masa de jubilaciones de catedráticos y titulares que viene en los próximos diez años, sustituidos no por más catedráticas o titulares, sino por contratos precarios, asociados y ayudantes doctor), lo que representa un 17% menos que el promedio nacional. En la Comunidad Valenciana es de unos 30.785 euros y en Castilla y Lcón, dc unos 29.226 euros. Cruzado con el coste de vida, puede llevar a una pérdida real de unos 7.000 euros en Madrid, unido siempre a desplazamientos mucho más largos, ratios más altas, mayor carga burocrática…

En 2023, la Comunidad de Madrid fue la que menos dinero propio invirtió en I+D por habitante, unos 22 euros, cuando la media se encuentra en unos 55. Invierte la mitad que la Generalitat de Catalunya y mucho menos de la mitad que Euskadi. En algunas universidades, como la Autónoma, en abril ya han agotado el presupuesto para investigación, control de calidad, educación permanente, internacionalización, etcétera.

¿LA POLÍTICA FUERA DE LAS AULAS?

A veces se dice que hay que «dejar la política fuera de las aulas», y tal vez sea cierto. Pero es, en efecto, un debate difícil, porque la política parece entrar todo el rato en las aulas de diferentes maneras. Veamos algunos ejemplos. Si hace frío o calor en el aula por falta de financiación o si las campanas extractoras no funcionan porque no se cambian, ¿está entrando la política en las aulas? ¿No son las condiciones materiales una forma de meter la política en las aulas? La invocación de esta consigna para criticar lo que ocurre en la universidad pública –ya la compararemos con las privadas– es sospechosa. Cuando se asfixia financieramente a las universidades hasta el punto de que más del 50% del profesorado trabaja en condiciones temporales o precarias, ¿no se está introduciendo política en las aulas?

Una universidad pública que depende de unos presupuestos hace de esos presupuestos algo que nunca puede ser neutral. Cuando las ratios en la educación secundaria madrileña están en el podio de las más altas de todo el Estado, también se está condicionando la vida académica mediante una decisión política que incide en el tiempo de atención individual, la organización del aula y la carga de trabajo del profesorado.

Cuando parte del alumnado sigue recibiendo clase en barracones y debe cruzar el patio bajo la lluvia para acceder a servicios básicos como el baño, no se está protegiendo la neutralidad del espacio educativo, sino trasladando al entorno escolar las consecuencias de una política de inversión insuficiente en infraestructura pública. Asimismo, el hecho de que el profesorado en la Comunidad de Madrid, tanto universitario como no universitario, perciba de media los salarios más bajos del país, no responde a principios pedagógicos, sino a una estructura de decisiones políticas que repercute en las condiciones laborales y en la capacidad de atracción y retención del talento docente.

Obligar a impartir clases sin una climatización adecuada, exponiendo a estudiantes y profesorado a temperaturas superiores a los 40 grados, no es un acto de neutralidad, sino una elección de gestión presupuestaria que afecta al bienestar, la salud y el rendimiento académico. La política también entra en las aulas cuando se vulnera la autonomía universitaria, consagrada en el ordenamiento jurídico español, a través de la imposición de criterios ajenos a la comunidad académica para la distribución de recursos, la planificación de titulaciones o el control de la oferta educativa. Y cabría preguntarse si no constituye también una forma de adoctrinamiento el sonido persistente de una excavadora a pocos metros de una clase de Matemáticas, en un aula masificada y sin ventilación adecuada, a finales de mayo, como consecuencia de una política de construcción por fases que prioriza la imagen institucional sobre el bienestar educativo.

La devaluación del modelo está servida. Las condiciones laborales –cabría decir, existenciales– del profesorado y del alumnado, existenciales también de esas infraestructuras abandonadas, dificultan la vida misma de nuestras universidades públicas. Sumémosles el otro órgano abandonado y que es condición de posibilidad, el personal técnico de administración y servicios, el que abre por las mañanas y cierra por las noches, el que mantiene en pie la dignidad de edificios públicos, algunos históricos, de instituciones y laboratorios, y que sobrevive con estupor a salarios congelados, falta de proyección profesional, desprecio elitista, envejecimiento y merma progresiva en las plantillas. Este último clavo es el que asienta las bases del modelo que se quiere imponer, el privado, ese que tiene como precedente la peculiar colaboración público-privada en el seno de las seis universidades públicas.

En un intento desesperado por adaptarse a esta realidad, las universidades públicas se quitan el suelo bajo utilizando como parches empresas que buscan instalarse en lo público para elevar igualmente su prestigio «colaborando» con lo público. Así nacen las cátedras y posgrados no oficiales, utilizando igualmente palabras legitimadas socialmente –catedrático o grado– para generar lucro privado. Hablaremos de estos «usos privados» de palabras «públicas» en el siguiente capítulo, pero por ahora pongamos un ejemplo: la no necesitada de currículum «Cátedra extraordinaria de bebidas fermentadas». ¿De verdad nos podemos creer que el informe sobre cómo afectan a la salud estas bebidas será igual cuando lo hace la parte interesada que si lo hace un laboratorio público que no puede obtener beneficios de esas mismas bebidas? ¿Quién vigila a los vigilantes? ¿Qué hará por su parte la cátedra extraordinaria de la asociación de la sanidad privada? ¿Qué tipo de informe emitirá?[44].

Las universidades llevan tiempo incorporando aulas patrocinadas por Microsoft. No es descabellado imaginar aulas patrocinadas por Amazon. ¿Podrá estudiarse en ellas, en una facultad como Derecho, la política antimonopolio que está en la ley estadouni-

---

[44] Si alguien quiere revisar las publicaciones, las puede encontrar aquí: «Salud Sostenible y Responsable», Facultad de Comercio y Turismo, Universidad Complutense de Madrid, edición digital, consultado el 7 de junio de 2025 [https://comercioyturismo.ucm.es/salud-sostenible-y-responsable]. «Informes Cátedra Extraordinaria de Salud Sostenible y Responsable», ASPE, edición digital, consultado el 7 de junio de 2025 [https://www.aspesanidad.es/categorias-informes/catedra-ucm/].

dense? ¿Podrá, si fuera el caso, decirse en un aula de Amazon que Amazon no cumple con el derecho estadounidense? Las instituciones que quieren decirse «públicas» tienen como esencia que esta pregunta siempre se responda más allá del interés privado, que lo contrario a derecho no pueda verse afectado por patrocinio alguno del lugar desde el que se habla. Esto es, que para criticar a Amazon se tiene que hablar no desde el patrocinio de Amazon, que cabe suponer que puede tener intereses en que no se critique a... Amazon, sino desde el patrocinio de lo público, cuyo interés está más allá del interés particular. Lo que ya ocurre en las universidades españolas anuncia que estamos ante un peligro político de primer nivel, ante una entrada de la política en las aulas sin precedentes que, de no ser atajada, dirimirá qué se investiga y qué no. Lo mismo si las aulas pasan a depender de farmacéuticas o de empresas sociosanitarias. Si una empresa privada farmacéutica patrocina laboratorios y aulas, materiales y becas, proyectos de investigación o estancias en el extranjero, querrá informes favorables a sus productos e investigaciones rentables a futuro. Lo público no es eso, y es lo público lo que está bajo ataque. Lo está con estos modelos de colaboración público-privada, pero lo hemos visto ya, lo hemos visto todos los días, lo vemos en las universidades privadas.

CAPÍTULO III

Viaje al país de nunca jamás. Las universidades privadas

A la presidenta de la Comunidad de Madrid, Isabel Díaz Ayuso, le gusta viajar y elogiar universidades extranjeras. Fue investida doctora *honoris causa* por la Universidad de las Américas de Quito, donde defendió la libertad educativa, la democracia y la colaboración público-privada[1]. Viajó con cuatro rectores de las universidades públicas madrileñas a Miami, a visitar universidades privadas y a defender, de nuevo, la libertad[2]. Gusta la presidenta de la Comunidad de Madrid de elogiar esas instituciones. De la que la declaró alumna ilustre, la Universidad Complutense de Madrid, dijo, en cambio, que en ella se otorgan títulos «como churros»[3]. Se llevó de viaje a los rectores de nuestra Comunidad a ver cómo se hacen

---

[1] Europa Press, «Ayuso, nombrada doctora "honoris causa" por la Universidad de las Américas por su liderazgo y convicciones democráticas», *Europa Press*, edición digital, 9 de abril de 2025 [https://www.europapress.es/madrid/noticia-ayuso-nombrada-doctora-honoris-causa-universidad-americas-liderazgo-convicciones-democraticas-20250409231745.html].

[2] Comunidad de Madrid, «Díaz Ayuso será investida mañana doctora "honoris causa" por la Universidad de las Américas, en Quito», edición digital, 8 de abril de 2025 [https://www.comunidad.madrid/noticias/2025/04/08/diaz-ayuso-sera-investida-manana-doctor-honoris-causa-universidad-americas-quito].

[3] Cadena SER, «El rector de la Complutense se revuelve contra Ayuso por decir que otorga títulos "como churros"», edición digital, 25 de noviembre de 2024 [https://cadenaser.com/cmadrid/2024/11/25/el-rector-de-la-complutense-se-revuelve-contra-ayuso-por-decir-que-otorga-titulos-como-churros-radio-madrid/].

las cosas, sí, en Florida, en Miami, pero ¿qué se puede extraer?, ¿qué tienen que aprender los rectores?, ¿qué tenemos que aprender nosotros, en fin, de esas universidades? ¿Y si fuese al revés? ¿Y si tuviesen que venir a aprender de nosotros? Suena extraño, lo sé, porque es una tradición muy asentada creernos peores; pero veamos si tiene sentido esta extrañeza, veamos si se puede dar la vuelta a algunos de los mantras que universalmente nos llevan a pensar que nuestro sistema son las migajas de un Estado que no es capaz de ofrecer un modelo como el de esos países que con gusto y sin insultos visita la presidenta Dña. Isabel Díaz Ayuso.

Pues bien, vayamos por partes. Decíamos en el primer capítulo que el empresariado había dado con una clave de *marketing* ciertamente única, a saber, poner a su empresa el nombre –tal vez por pomposo o sobreestimado, tal vez por su todavía reconocida valía o por su viejo prestigio– de universidad. Decíamos, ciertamente, que es mucho más fácil poner a tu empresa de nombre «universidad» que registrarla como Nike, cosa ciertamente imposible. Hemos constatado cómo a menor inversión por alumno más necesidad de respuesta privada se genera, necesidad a la que luego se le dará el nombre, atentos a la contradicción, de libertad. Ni Hegel podría cabalgar esa contradicción.

El resultado más obvio de esta enorme ampliación en número de universidades privadas es la devaluación de la palabra *universidad*; es decir, si toda empresa accede a esa palabra, si puede acceder a usar el título de «universidad» un garaje alquilado dedicado al *networking* repitiendo clases *online* pregrabadas desde un servidor, entonces la palabra pierde su valor, tal como ha pasado con *cátedra* –alegremente confundida con catedrático o catedrática– o *posgrado* –que puede ser un máster oficial o un cursillo de..., en fin, *networking*–. El clima resultante vuelve entre difícil e imposible distinguir una academia de Diseño de un centro de Formación Profesional en Diseño o de una universidad de Diseño. Si uno se da un paseo por la página web de la UDIT, la madrileña Universidad de Diseño, Innovación y Tecnología, encontrará un Grado en Diseño multimedia y gráfico, un Grado en Diseño de interiores, un Grado en Diseño y desarrollo de videojuegos y entornos, un Grado *online* en Diseño y desarrollo de –es otro, sí– videojuegos y entornos virtuales, un Grado en Gestión y comunicación de la moda, un Grado en Desarrollo *full-stack*. ¿Los másteres en la UDIT? Pues llevan casi el mismo nombre que los grados: diseño en moda, diseño de interiores, diseño gráfico o, en fin, diseño de producto. Difícil se vuelve encontrar en muchas de las páginas de estas universidades el currículum de su profesorado. ¿Qué pública puede permitirse algo así? Veamos hasta dónde llega el problema.

EL LIBERALISMO A LA MADRILEÑA O LA INSTITUCIONALIZACIÓN DE LA COMPETENCIA DESLEAL

La estrategia de creación de estas universidades ha ido muy lejos en los últimos años, aprobándose todas ellas con una enorme cantidad de informes en contra, algunos, incluso, de la propia Consejería del Gobierno del Partido Popular. Los informes en contra hacen referencia siempre a la insuficiente transparencia, a la inseguridad a la que está sometido el alumnado al no contar, en algunos casos, con edificios propios, al número de grados, al número de profesores con doctorado, a la falta de publicidad del currículum de ese mismo profesorado.

Está fuera de toda duda que ninguna universidad pública podría acreditarse como universidad con ese «currículum». El resultado es que se acreditan una decena de nuevas universidades privadas con unos criterios que ninguna universidad pública podría permitirse. ¿El criterio? La ausencia de criterios. ¿El objetivo? Regalar al empresariado, a fondos buitres, a quien así se lo proponga, «tal vez» cercanos al Partido Popular, el uso de la palabra *universidad*.

Merece la pena que nos detengamos en cómo ocurre esto revisando muy brevemente la ley que impide la *competencia desleal*. Suena aburrido, ya, pero va a ser rápido. Pues bien, en su primer artículo, dicha ley define su finalidad:

Esta Ley tiene por objeto la protección de la competencia en interés de todos los que participan en el mercado, y a tal fin establece la prohibición de los actos de competencia desleal, incluida la publicidad ilícita en los términos de la Ley General de Publicidad[4].

Ese primer artículo es claro: aunque la universidad pública no sea una empresa, esta institución oferta grados cuya oficialidad iguala en rango a la oficialidad del grado que se cursa en una universidad privada. Esto es, el título resultante permite ser médico tanto a quien estudia en la universidad pública como a quien lo hace en una universidad privada (ello aunque en esta última no se investigue o aunque el profesorado no ponga su currículum a disposición del público). Sigamos ahora con el artículo 5, «Actos de engaño»:

Se considera desleal por engañosa cualquier conducta que contenga información falsa o información que, aun siendo veraz, por su contenido o presentación induzca o pueda inducir a error a los destinatarios, siendo susceptible de alterar su comportamiento económico[5].

Y, antes de decir nada, veamos también el artículo 6, «Actos de confusión»:

Se considera desleal todo comportamiento que resulte idóneo para crear confusión con la actividad, las prestaciones o el establecimiento ajenos. El riesgo de asociación por parte de los consumidores respecto de la procedencia de la prestación es suficiente para fundamentar la deslealtad de una práctica[6].

---

4 «Ley 29/2009, de 30 de diciembre, por la que se modifica el régimen legal de la competencia desleal y de la publicidad para la mejora de la protección de los consumidores y usuarios», *Boletín Oficial del Estado* 315, 31 de diciembre de 2009, pp. 108229-108243 [https://www.boe.es/buscar/act.php?id= BOE-A-2009-21162]

5 «Ley 3/1991, de 10 de enero, de competencia desleal», *Boletín Oficial del Estado* 10, 11 de enero de 1991 [https://www.boe.es/buscar/act.php?id=BOE-A-1991-628].

6 *Ibid.*

¿No ocurre así todo el tiempo? Las universidades públicas dependen en cierta medida del «comportamiento económico» de la ciudadanía, pues, como veíamos más arriba, la Comunidad de Madrid no financia el total del coste de mantenimiento de la univer sidad, es decir, depende también de lo generado con las matrículas. Pero, además, ¿no hay confusión en cómo se presenta la información? Es obvio que el consumidor se ve inducido a asociar el prestigio de la universidad pública con la universidad privada, que hereda dicho prestigio sin pasar control de calidad alguno –control que sin duda le sería exigido a toda institución pública–. Eso mismo ocurre con las cátedras privadas y demás usos privados y público-privados de esas palabras de prestigio tradicional. Ocurre también al comparar las universidades privadas españolas con las privadas de otros lugares –por ejemplo, norteamericanas–, como si las madrileñas ocuparan por simbiosis los mismos puestos en los *rankings* internacionales –después nos detendremos un momento en lo de los *rankings*–. Se omiten, sin duda, las enormes diferencias, lo que también lleva a incurrir en otro acto de competencia desleal, el que se encuentra en el artículo 7, «Omisiones engañosas»:

1. Se considera desleal la omisión u ocultación de la información necesaria para que el destinatario adopte o pueda adoptar una decisión relativa a su comportamiento económico con el debido conocimiento de causa. Es también desleal si la información que se ofrece es poco clara, ininteligible, ambigua, no se ofrece en el momento adecuado, o no se da a conocer el propósito comercial de esa práctica, cuando no resulte evidente por el contexto.
2. Para la determinación del carácter engañoso de los actos a que se refiere el apartado anterior, se atenderá al contexto fáctico en que se producen, teniendo en cuenta todas sus características y circunstancias, y las limitaciones del medio de comunicación utilizado.
3. Cuando el medio de comunicación utilizado imponga limitaciones de espacio o de tiempo, para valorar la existencia de

una omisión de información se tendrán en cuenta estas limitaciones y todas las medidas adoptadas por el empresario o profesional para transmitir la información necesaria por otros medios.

Lo que se observa en estos artículos no es un fenómeno aislado, es el *modus operandi* de la colaboración público-privada y del espacio privado de educación superior. Cualquiera de las insuficiencias que, con una mera búsqueda en Google, se encuentran en casi todas las privadas madrileñas sería inadmisible en una universidad pública, constituiría un escándalo de proporciones importantes.

LAS UNIVERSIDADES PRIVADAS COMO MEDIDA DEL ORGULLO DE LAS UNIVERSIDADES PÚBLICAS

En España existen en la actualidad 91 universidades, de las cuales 50 son de titularidad pública y unas 41 de ellas de titularidad privada. De esas 50 universidades públicas, 35 están en el *Academic Ranking of World Universities (ARWU)*, más conocido como *Ranking de Shanghái*. A ellas se sumaría una única universidad privada. Ahora criticaremos ese *ranking*, pero antes veamos un par de cosas. Que 35 universidades públicas se encuentren en ese afamado *ranking* significa que un 70% de las universidades españolas se encuentran en él, esto es, que estés en la Comunidad que estés, si vas a la universidad pública, hay muchas posibilidades de que vayas a una universidad del mencionado *ranking*. Cierto es que puedes estar en diferentes partes del *ranking* y que no es lo mismo estar entre las 100 primeras que entre las 500 de la parte baja. Pero, antes, en el *ranking* entran 1.000 universidades, sí, pero ¿cuántas hay en el mundo? El asunto es difícil y los datos no son claros. Tiene que ver con la amplitud del concepto «universidad», si se incluyen posgrados y qué tipo de posgrados, qué cátedras, si investigan, si no, etc. Por ello podemos encontrar que, según *Campus*

Academia, hay unas 26.000[7]; según *Number Analytics*, estaríamos hablando de unas 30.000[8] y, según *Uhomes*, de unas 50.000[9]. Todo depende de qué se considere una universidad. Utilicemos, en cualquier caso, la versión más conservadora. En todas ellas, el nú mero de universidades españolas se mantiene: hay, por tanto, 50 universidades de titularidad pública.

Tomando 26.000 universidades como baremo, sólo el 3,85% de las universidades del mundo formarían parte del *Ranking de Shanghái*. De España, en cambio, formarían parte un 70% de las públicas y un 2,43% de las privadas –en este último coaso, la Universidad de Navarra, que se encuentra entre el puesto 501 y 600–.

Pues bien, todos los años, cuando se publica la nueva versión de algunos de estos *rankings*, se dice que no somos competitivos. Una y otra vez se dice que no somos competitivos, que no estamos en los *rankings*, que nuestras universidades son peores[10], pero veamos qué pasa con Estados Unidos. Ciertamente, Estados Unidos lidera las primeras posiciones del *ranking*, es fácil encontrar ahí a Harvard, a Stanford o al MIT; podemos encontrar alrededor de 183 universidades estadounidenses en el *Ranking de Shanghái*. Ahora bien, Estados Unidos tiene 3.000 universidades –si asumimos los criterios más conservadores–. Esto significa que sólo un 6% de sus universidades se encuentran en ese *ranking*. Un 6%

---

[7] «¿Cuántas universidades existen en el mundo? Descubre el listado y compara sus carreras», *Campus Academia*, edición digital, 24 de mayo de 2025 [https://campusacademia.es/cuantas-universidades-hay/].

[8] S. Lee, «The Guide to Global University Numbers and Stats», *Number Analytics*, edición digital, 19 de abril de 2025 [https://www.numberanalytics.com/blog/guide-global-university-numbers].

[9] L. Wu, «How Many Universities Are There Worldwide? 2025 Statistics», *uhomes.com*, edición digital, 14 de enero de 2025 [https://en.uhomes.com/blog/how-many-universities-are-there-worldwide].

[10] «La universidad sigue poco competitiva», *ABC*, edición digital, 16 de agosto de 2024 [https://www.abc.es/opinion/editorial-abc-universidad-sigue-poco-competitiva-20240816194012-nt.html]. F. Lostao, «El bucle de la universidad española», *Hay Derecho*, edición digital, 4 de febrero de 2024 [https://www.hayderecho.com/2024/02/04/el-bucle-de-la-universidad-espanola/].

frente al 70% de las españolas. Es decir, que en España, si eliges una universidad pública, tienes un 70% de posibilidades de elegir una universidad del «prestigioso» *Ranking de Shanghái*. En Estados Unidos, en cambio, es ciertamente difícil elegir una que esté en él, pues son sólo un 6%. Esto, sin duda, debería poner en duda percepciones habituales sobre la universidad española y su calidad.

Además, muchas de las universidades estadounidenses que figuran en la parte baja del *ranking* se sitúan entre las posiciones 800 y 1.000. En cambio, en España, la integración es mucho más homogénea. Además, estudiar en alguna de las 35 españolas cuesta como mucho 1.350 euros. Si, en cambio, buscamos las estadounidenses que están en la parte más baja, nos encontraremos que, incluso en las «peores», el coste es como poco 35 o 40 veces más elevado al año. En la University of North Carolina at Charlotte, el coste anual es de unos 41.522 euros; en la University of Denver, de unos 70.000; en la University of Idaho, de unos 42.540. ¿En la de Wyoming? ¿En la University of Massachusetts Boston? Unos 50.000 dólares. En la University of Montana, por su parte, unos 44.634; en la University of New Hampshire, unos 52.934; en la University of Rhode Island, unos 49.362, y en la University of Vermont, unos 58.000 dólares.

Esto significa que, incluso estando en ese 6% de las universidades norteamericanas que están en la parte más baja del *ranking*, no podrás pagarlo. Evidentemente, más allá de ese 6%, tampoco vas a pagar normalmente menos. Te vas a encontrar lo mismo en centenares de casos.

Pero ¿qué miden estos *rankings*? O mejor, ¿qué miden y qué no miden? Veamos.

El *Ranking de Shanghái* evalúa la calidad de las universidades a nivel mundial con base en criterios centrados principalmente en la investigación. Toma en cuenta aspectos como la cantidad de premios Nobel y medallas Fields entre los egresados y profesores, el número de investigadores altamente citados y la cantidad de artículos publicados en revistas científicas reconocidas como *Nature* y *Science*. Además, considera el rendimiento académico en relación con el tamaño de la institución. En fin, su enfoque está fuertemente orientado a la producción científica y la excelencia académica medidas en términos cuantificables.

Pero hay un pero: este *ranking* no computa, por ejemplo, el presupuesto que tiene la universidad en cuestión; es decir, compara instituciones públicas e instituciones privadas o instituciones como Harvard que, históricamente, además de tener precios carísimos de entrada, reciben una enorme cantidad de presupuesto público. Es decir, se están comparando universidades asfixiadas por el país –en el caso de España, la Comunidad de Madrid–, en las que la matrícula cuesta 1.350 euros, con universidades en las que, además de tener subvención estatal –como Harvard–, el precio de la matrícula al año supera los 50.000, a lo que hay que sumar los entre 30.000 y 40.000 de gastos.

Pues bien, en el año 2024, la Universidad de Harvard reportó 6.400 millones de euros en gastos operativos, mientras que la Complutense tenía apenas 600 millones de euros. Esto es, Harvard tiene un presupuesto 10 veces superior al de la Universidad Complutense. El número de estudiantes en la Complutense es de unos 65.000, mientras que en Harvard ronda los 25.000. Digamos que la Complutense tiene aproximadamente 2,5 veces más estudiantes.

De lo que hablamos es de que en Harvard cada estudiante toca a 28 veces más presupuesto que uno de la Universidad Complutense, pero ambos son comparados de la misma manera. Si cogemos un indicador del *Ranking de Shanghái* y añadimos este elemento –el presupuesto–, la cosa no queda como en principio pudiera parecer. Como decíamos, uno de los elementos que mide el *Ranking de Shanghái* es el número de premios Nobel que tienen relación con la institución. Harvard tiene, ciertamente, 160, mientras que la Complutense tiene sólo 7. Pero claro, tiene 24 veces menos presupuesto por estudiante. Si tuviera el mismo, esto es, 24 veces más, tendría, podríamos decir, 196 premios Nobel.

El argumento es espurio, pero más lo es comparar una institución tan maltratada como la Complutense con Harvard y tener que aguantar todos los años la cantinela de que no es competitiva.

Ciertamente, un euro invertido en la Complutense es mucho más valioso que uno invertido en Harvard si se quieren obtener premios Nobel. Sumemos a esto que en una cuesta entrar 80.000 dólares al año mientras que en la Complutense sólo 1.350, o que el profesorado cobra entre 7 y 20 veces menos, o que la temporalidad…, o que…, o que…, finalmente, en España se produce un mejor sistema sanitario del que se produce en Estados Unidos con esa inversión por estudiante.

Tenemos motivos para estar orgullosos de nuestras instituciones. Sólo tenemos que cuidarlas, al menos un poco más, al menos, en Madrid, como en el resto de España y, en el resto de España, a ser posible, como en el resto de Europa.

Volvamos ahora al principio de este tercer capítulo; volvamos ahora a los viajes de la presidenta de la Comunidad de Madrid, Isabel Díaz Ayuso, por las universidades del mundo.

Pues bien, la Universidad de las Américas, aquella que le concedió el doctorado *honoris causa*, no está ni siquiera entre las 1.000 primeras del dichoso *Ranking de Shanghái*, pero de ella no dijo que diera títulos como churros o no empleó tiempo alguno en reivindicar nuestro modelo público. Tampoco es fácil estudiar en esa universidad, no; el coste anual de los estudios de Medicina roza los 5.200 dólares, el equivalente a unos 13 meses de salario medio en Ecuador. Recordemos que en la Comunidad de Madrid está en unos 1.300 euros. ¿Qué tenemos que aprender de ese modelo? Ni por investigación ni por derecho aparece en el famoso *ranking*, pero su modelo deja fuera sin duda a todo ecuatoriano cuya familia dependa del salario medio. ¿Quién puede permitirse 13 meses de salario en una matrícula?

Vamos con la visita a Florida, cuyas instituciones la presidenta sin duda también elogió. De las tres universidades que visitó, el Miami Dade College y la University of Miami no cumplen con los requisitos para aparecer en el *ranking*. Por su parte, la Florida International University se encuentra en el rango 501-600 del mismo, por detrás de muchas de nuestras universidades públicas. ¿Por qué no vienen ellos a visitarnos? El coste de un año de estudios en esta última universidad sobrepasa los 35.000 euros. ¿Es eso lo que tenemos que aprender? ¿Es eso lo que vamos a buscar?

Cierto es que con Ayuso sólo se inauguran campus, sólo se abren plazas, sólo se cuidan aquellas instituciones que ni aparecen en el *Ranking de Shanghái* y cuyo coste anual de matrícula supera los 20.000 euros para una carrera como Medicina. ¿Es ese el modelo? ¿Es porque preferimos vivir en Miami?

No queremos dedicarnos aquí a comparar instituciones; no quiero tener que decir que la tasa de homicidios con arma de fuego es 300 veces superior en Miami que en Madrid; no queremos decir aquí que en Madrid, en la universidad pública –sí, mejor en el *ranking*, mejor en accesibilidad, mejor en investigación, mejor en todo (menos en salario del profesorado)–, puedes estudiar Medicina por casi 30 veces menos y producir, también, un sistema sanitario mejor. ¿A qué va la presidenta de la Comunidad de Madrid? ¿Y nuestros rectores? Más aún: el 38 por ciento de los estudiantes estadounidenses están endeudados y tendrán que pasar décadas pagando aquello que no pudieron pagar.

El país de nunca jamás tiene universidades de nunca jamás para todo aquel que no pueda pagarlo, para todo aquel que no sea rico. Esa deuda acrecienta el patrimonio de una empresa, la Florida International University, que tiene como presupuesto anual 1.700 millones de dólares, unos 500 millones por encima del presupuesto de las seis universidades públicas madrileñas, dos de ellas por encima en el *ranking* de la de Florida, y sólo en una de ellas, en la Complutense, se atiende a 11.000 alumnos más.

Nuestras universidades públicas producen con un euro aquello para lo que una universidad norteamericana necesita decenas, decenas y decenas mientras se deja fuera del sistema a quien no puede permitírselo. Lo hacen nuestras universidades, nuestro patrimonio, contra viento y marea, con defectos y errores, sin duda, con fallos, pero sobre todo con una dejadez y un abandono insultantes, y también con insultos y con desplantes intolerables.

Que la presidenta de la Comunidad de Madrid se jacte de la libertad y la calidad de otras instituciones educativas teniendo en

Madrid algunas de las más eficientes y de mayor calidad del mundo, que, además, son más –aunque cada vez menos– accesibles, no indica desconocimiento por su parte, indica sólo que tiene un proyecto: que algunas, que algunos, que las y los de abajo no podamos ir a la universidad, que sea el patrimonio privado, la herencia y el lugar de nacimiento quienes sentencien tu posición en el mundo.

CAPÍTULO IV

Conclusiones: el patrimonio de los que no tienen patrimonio

Cuenta Hegel que a la pregunta de un padre sobre cuál es la manera de educar mejor a un hijo, Sócrates respondió: «convirtiéndolo en ciudadano de un Estado con buenas leyes»[1]. Pues bien, ¿a qué se refiere Sócrates cuando habla de un Estado con buenas leyes? Veamos. La universidad tiene como esencia ocuparse de cosas que en muchos casos la sociedad no sabe todavía que las quiere. Es decir, muchas de las cosas que queremos o anhelamos en este mundo están en un lugar que todavía no tiene el rango de lugar, en un lugar que todavía no se ha abierto paso en este mundo, pero del que puede depender todo futuro posible. Ese lugar es la universidad, y la universidad, nuestra universidad, no puede depender de la empleabilidad como criterio de lo que en ella se investiga, pues ello, sin duda, no genera en muchos casos empleo directo alguno. No ha sido así con casi ningún gran descubrimiento. Las invenciones más queridas de nuestra historia tardan mucho en convertirse en eso que se puede tratar como empleable en la sociedad civil. No puede, pues, la universidad depender de la demanda social, porque en ella se estudian muchas cosas que trabajan contra la demanda social. ¿Demanda la sociedad el estudio de la división de poderes? ¿Demanda la sociedad que no conoce la palabra *Constitución* o el teorema de Pitágoras una Constitución o un teorema de Pitágoras? ¿Exigía la sociedad el perfec-

---

[1] G. W. F. Hegel, *Líneas fundamentales de la filosofía del derecho*, trad. Manuel Jiménez Redondo, Madrid, Ápeiron, 2022, §153.

cionamiento de nociones como ley o causalidad, o traducción alguna de Dante para que podamos leerlo en castellano? La universidad puede y debe, en muchos casos, trabajar contra la demanda social. El Estado puede, ciertamente, demandar socialmente más soldados, pero la universidad puede empeñarse, contra esa demanda, en proponer soluciones para la paz que todavía no se han explorado. Es así como se han producido los tibios intentos de constitucionalizar las relaciones internacionales, más allá de la guerra. Primero tiene que haber un Kant en una universidad pensando un texto como *Hacia la paz perpetua* para que 150 años después haya algún tipo de tribunal internacional. Este tribunal tiene que pensarse, tiene que decirse, tiene que exigirse más allá de empleabilidad alguna. Ningún ideal, todos esos que constituyen ahora nuestro derecho, generaron en su momento empleo alguno, y todos esos ideales dependieron de cosas como que se tradujese algún texto, que se leyese algún filósofo, que se leyese a alguna poeta, que existiesen, desde luego, las Humanidades. Decimos las Humanidades porque son sobre las que antes pone «el criterio de empleabilidad» su punto de mira.

Es obvio también que el acceso a ese espacio llamado universidad no puede depender del sexo o de la raza, y tampoco debería depender, como depende en Madrid, de lo que uno hereda de sus padres, de la herencia familiar, del patrimonio familiar. Ni el sexo ni la raza pueden dictar qué quieres estudiar; que haya Estado y que exista lo público significa, igualmente, que tampoco puede haber igualdad si se depende de la herencia. Y es que, si para hablar de igualdad se depende de la herencia, no se habla de Estado de derecho, se habla de feudalismo. Nacer cerca de una universidad pública, como en el caso de España, bien subvencionada, es también un patrimonio, es el patrimonio público, el patrimonio del derecho a ser igual que el otro, que la otra. No se puede, por tanto, permitir que las elites llamen patrimonio sólo a eso que heredan y que creen siempre suyo, pues uno podría entonces heredar 2 millones de euros y las mejores universidades cerca, o heredar universidades privadas que puede pagarse; y, por otra parte, podría haber uno que heredase deudas y ninguna universidad pública. ¿Podemos llamar Estado de derecho a eso? ¿Podemos decir que se cumple con la igualdad en esas condiciones? ¿A qué tiene derecho el que nace con deudas en lugar de con herencias millonarias? ¿A qué tiene derecho el que nace en una familia preocupada, preocupación que se contagia y que mina la salud, por no tener servicios públicos cerca, frente al que nace sin preocupación alguna, con todo cerca, con todo heredado, con todo considerado como suyo?

En Madrid se cuida sólo del patrimonio privado, ese está bonificado como para ahorrar mil millones de euros anuales a quienes más tienen, pero el concepto de patrimonio en un Estado de derecho debe priorizar añadir como adjetivo *público*; este se declina en tener parques cerca, en tener instituciones educativas públicas y de calidad, sistemas de transporte públicos, sanidad pública sin listas de espera imposibles. El acceso a la salud no puede depender de dónde o cómo se nace. La modernidad más moderna ha sido intentar explicar esto. Unos tienen como patrimonio una muy esencial despreocupación, que les permite saber que, si no tienen la nota media para estudiar Medicina en la pública, siempre podrán acceder a la privada pagando 20.000 euros. Esa preocupación, a lo largo de los años, es la que cincela la esperanza de vida de la que hablábamos. Hay gente que hereda desplazarse durante 2 horas a un centro de FP privado teniendo que pagar 4.000 euros en una familia con una renta de 20.000. Y, además, a quienes, tal vez levantándose a las cinco de la mañana para ir a la universidad, suspenden, se les dice que no se esfuerzan, que ya no se cumple con el paradigma de la cultura del esfuerzo. Pero ¿quién se esfuerza más, el que saca un 12 sobre 14 y paga 20.000 euros por estudiar Medicina en la privada porque con un 12 sigue siendo imposible conseguir una plaza pública, o el que saca un 13 y se queda fuera por una milésima y entonces no puede pagar esos 20.000 euros?

En Madrid, el esfuerzo, la fortaleza y el mérito se han reservado para quien paga una parte importante del esfuerzo, la fortaleza y el mérito. Quienes pueden pagar clases extraescolares o viajes a Londres para estudiar inglés reciben, además, las ovaciones de la derecha. Por ello, queremos sospechar aquí que aquello a lo que Sócrates se refiere cuando habla de un Estado con buenas leyes es, precisamente, ese lugar en el que la ley tiene como esencia la defensa del más débil, donde el esfuerzo no es un discurso de refuerzo para quienes parten con ventaja. Un Estado con buenas leyes sólo puede ser aquel que heredan aquellos que no heredan nada, aquel que trabaja para un futuro en el que quienes menos tienen, quienes no heredan, heredan eso, un mejor punto de partida, un refuerzo en el origen, una balanza un poco menos torcida, un Estado.

El deber de las instituciones públicas es ocuparse de un muy específico tipo de mérito, del mérito que parte del mismo origen, del mismo punto de partida, de la igualdad de oportunidades. Por ello, una suficiente financiación, unos presupuestos suficientes, se convierten en una suerte de meritocracia común. Una financiación suficiente para las universidades compensa el mérito de los que nacen sin el concepto de «mérito» que manejan las elites actuales, que es más bien patrimonio privado. La financiación pública de quienes no tienen nada es, pues, el mérito de quienes no acceden a ese concepto privado de «mérito». Hablar de excelencia cuando la excelencia se reparte geográficamente por lugar de nacimiento no puede ser una forma seria de hablar de excelencia. Es ahí donde unos presupuestos universitarios suficientes entran. Para que la excelencia y el mérito no dependan de la geografía. Por todo ello, el mérito no es personal. El mérito depende de que a uno le lleven autobuses, de que haya habido sanidad que pueda curar al que se ponía enfermo para que siguiera estudiando. La financiación de lo público es el mérito, lo merecido, de quienes no tienen todos los privilegios que otros sí tienen. Pero más aún, cuando uno consigue un título, ese «mérito», el deber es considerarlo que lo consigue toda la sociedad. Si cualquiera de los que leéis esto conseguís cualquier cosa, la conseguimos todos; es la comunidad que somos, el Estado que somos, el que acrecienta su currículum, el que acrecienta su mérito. Cada uno de esos títulos, de cualquier nivel educativo, es una institución más que el Estado se ha dado a sí mismo.

Si no empezamos a hablar de otra manera, habremos fallado.

Y si esto no nos sirve para darnos cuenta de que, como con la universidad, como con lo público, están quienes heredan conflictos armados, nada habrá servido de nada. Dejar un mundo mejor fue en Kant un imperativo categórico. La universidad tiene que, contra todo criterio de empleabilidad, existir para decir todavía eso que no existe. Los hijos no tienen que hablar el lenguaje de los padres, que decía Heráclito, tampoco el de sus profesores, y tampoco el de los políticos: tienen que hablar un lenguaje que está por inventar, que todavía no se muestra al mundo, tienen que hablarlo y tienen que poder inventarlo entre todos y todas, sin que nadie deje de formar parte, por falta de patrimonio, por guerras, por injusticias, de la alegre fiesta de traer las palabras del futuro al mundo.

SEGUNDA PARTE
Reflexiones sobre la universidad condicionada

CAPÍTULO V

Universidad y libertad

LUIS ALEGRE ZAHONERO Y CARLOS FERNÁNDEZ LIRIA

RACIONALIDAD MÁS ALLÁ DEL MERCADO

Imagina que desea instalarse en Madrid una nueva fábrica de embutidos pero que, al presentar los informes preceptivos, todos coincidieran en que está lejos de cumplir los mínimos de calidad que establece la ley. ¿Aceptaría alguien que esa empresa iniciara su negocio y vendiera su producto con normalidad? El Gobierno de la Comunidad de Madrid, sin embargo, ha decidido que para el negocio de los títulos universitarios no hay por qué ser tan estricto. Si alguien quiere venderlos y encuentra a quien se los quiera comprar, ¿quiénes son los técnicos del Ministerio, los de la propia Consejería madrileña, los del Consejo Universitario e incluso los de la mismísima Fundación Madrid+d para decir que ese subproducto no debería comercializarse?

La desvergüenza en este asunto está alcanzando cotas tales que el Gobierno central se plantea intervenir, como mínimo, para imponer que los informes técnicos sean vinculantes. De este modo, ya tendríamos una nueva victoria de la estrategia *trumpista:* hacer disparates de 100 y, si por lo que sea no cuelan –lo que aún está por ver–, retroceder hasta 90 para tranquilidad de la gente de orden. Y, por el camino, haber naturalizado que las instituciones universitarias son en esencia lo mismo que las fábricas de embutido.

La reacción populista, antiintelectualista e iliberal a la que estamos asistiendo centra su eje de acción en disolver cualquier lógica que no sea económica, intentando destruir las demás dimen-

79

siones de racionalidad en las que se basa el constitucionalismo democrático: en primer lugar, el orden de la *racionalidad política*, es decir, las instituciones a través de las cuales se toman decisiones válidas desde el punto de vista de la razón publica y, en esa medida, vinculantes para cualquier razón privada. Pensemos, por ejemplo, en las reglas por las que se estableció el orden de prioridad una vez descubierta la vacuna del covid-19: ¿se delegó esa distribución en el mercado?, ¿se vacunaron primero quienes más capacidad de pago tenían?, ¿habría resultado tolerable? Cada vez nos enfrentamos a problemas de más amplio calado que requieren ejercicios de racionalidad política imposibles de delegar a la concurrencia mercantil de intereses privados. Pongamos, por ejemplo, la necesidad, que sabemos urgente, de una profunda transición ecológica: a cada uno de los actores implicados (ya sean países, empresas o individuos) les resultará perjudicial emprender la transición por separado si los demás no lo hacen (ya que asumirá individualmente los costes de hacerlo y, sin embargo, no evitará la catástrofe), por lo que resultan necesarias decisiones vinculantes para todos.

En segundo lugar, los poderes públicos tienen la obligación de sostener todo un orden de *racionalidad jurídica*. Para que una democracia sea sustantiva, los derechos constitucionales de libertad, igualdad y dignidad deben ser institucionalmente garantizados para todos. Por ejemplo, la seguridad ciudadana no puede ser algo privativo de quien se la pueda pagar. Podría resultar aceptable el ánimo de lucro en cuestiones más o menos de detalle (pongamos, por ejemplo, empresas de seguridad privada para el transporte de dinero), pero todo el mundo entiende que la policía o los bomberos son garantes de un derecho de todos y no empresas que deban competir en el mercado para obtener financiación. Lo mismo ocurre con la tutela judicial de los conflictos. En márgenes remotos, pueden aceptarse lógicas de lucro: algún *coach* experto en mediación o terapias de pareja. Pero no puede ser la competencia económica con esos espacios lo que defina la institución judicial.

Ahora bien, en los Estados modernos, herederos del constitucionalismo garantista, esta racionalidad jurídica abarca ámbitos muy diversos y de enorme complejidad técnica: la organización de un sistema educativo y un sistema sanitario de cobertura universal; regulación del mercado laboral; lucha contra la violencia machista; remoción de los obstáculos que impiden el acceso a la vivienda; atención a las situaciones de dependencia; políticas de cohesión territorial, y un largo etcétera de cuestiones de las que depende la exigencia jurídica de igualdad y que requieren de conocimientos altamente especializados.

Por último, sin duda, las administraciones deben establecer el espacio de juego que corresponde a la *racionalidad económica*. Y es aquí donde no podemos sino dar la bienvenida a las empresas de embutidos. Ahora bien, incluso esta tercera dimensión de la racionalidad necesita un fuerte entramado institucional capaz de regularla: ningún consumidor individual puede verificar si los animales que consume recibieron las vacunas necesarias ni si los análisis del laboratorio certifican que la carne es apta para consumo humano. De hecho, no tiene por qué saber ni cuáles son las vacunas necesarias ni qué parámetros deben certificar los laboratorios. A los consumidores nos basta ver que algo está en la tienda para saber ya que ha pasado todos los controles. Damos simplemente por supuesto un entramado normativo gracias al cual a (casi) nadie se le ocurre siquiera vender productos no comercializables.

Del mismo modo, cuando compramos un vehículo o una vivienda, necesitamos las inspecciones técnicas para saber qué estamos comprando; cuando consumimos información de un medio, no podemos verificar sus fuentes; cuando contratamos servicios profesionales, nos colocamos en una situación de dependencia por el desnivel de conocimientos que nos separa.

Por ejemplo, cuando contratamos a un abogado, nos resulta difícil saber si la estrategia de defensa que plantea es la más adecuada o si los recursos que propone tienen realmente posibilidad de prosperar; si nos está proponiendo lo más ventajoso o lo más oneroso. Por eso hay profesiones que riman mal con el ánimo de lucro. El desnivel de conocimiento que nos separa, por ejemplo, de los médicos hace imposible que lleguemos a saber por nuestra cuenta si de verdad necesitamos o no esa prueba o esa intervención tan caras. Europa –y muy en especial España– ha encontrado una solución feliz a este problema: un sistema sanitario público en el que el sueldo de los profesionales no depende ni en 1€ de las decisiones médicas que toman. Gracias a esta genialidad, tenemos un sistema mejor y más amplio que el de Estados Unidos con un tercio del esfuerzo (6% del PIB frente al 18% que gasta Estados Unidos en sanidad; y una ventaja añadida: nadie miraría como un héroe a quien disparase contra los gestores del sistema).

Puede sin duda someterse a discusión en qué ámbitos y hasta qué punto debe regir el ánimo de lucro, pero resulta descabellado pretender que se trata de la única lógica legítima.

EL VIEJO PACTO SOCIAL

La educación no es una mercancía más entre las mercancías. Esto no significa, por supuesto, que no puedan admitirse espacios más o menos marginales regidos por el ánimo de lucro. Nadie se opone a la existencia de autoescuelas o academias de barrio. Pero, como cualquier otra institución garante de derechos fundamentales, la universidad no puede quedar sometida al imperio de la racionalidad económica. Y no puede ocurrir por lo mismo por lo que la administración de justicia no puede depender de su mayor o menor éxito en la competencia con empresas privadas de mediación, ni la seguridad de los ciudadanos y el Estado puede depender de si la policía compite mejor o peor con empresas de seguridad privada.

Hay en primer lugar una dimensión que remite a derechos individuales. Ya Kant establecía como principio fundamental del Estado civil el que todo miembro de la comunidad pueda aspirar a ocupar una posición de cualquier nivel dentro de ella. Esto no significa, ciertamente, que todo el mundo tenga derecho a ser médico en el mismo sentido en que todo el mundo tiene derecho a votar. Sería absurda una sociedad sólo de médicos, pero *cual-*

quiera debe poder aspirar a serlo sin más restricciones que las que marquen su talento y su esfuerzo. Si, por el contrario, es la herencia lo que determina que se puedan alcanzar o no determinados puestos en la sociedad, por definición, dejamos de hablar de un Estado de derecho y pasamos a hablar de un régimen estamental. A este respecto, resulta evidente la función de la universidad pública como institución de garantía de un derecho fundamental. El deterioro de este derecho está lejos de ser una novedad reciente. Para empezar, el descomunal aumento del precio de las tasas implica ya la introducción de un sesgo importante de clase y, por lo tanto, una erosión de ese derecho, muy especialmente en la Comunidad de Madrid. En otras Comunidades Autónomas, incluso gobernadas por el Partido Popular, se bonifican al 100% las tasas si los estudiantes aprueban las asignaturas matriculadas. Nada de esto ocurre en la Comunidad de Madrid, donde tenemos las tasas más altas del país. Aquí se bonifican al 100% los impuestos de donaciones, sucesiones y transmisiones, no las tasas universitarias.

Pero no es esta la única línea de ataque contra el orden civil –basado en el mérito y la capacidad– a favor de un orden estamental –basado en la herencia– que se viene desarrollando desde hace tiempo en este laboratorio del trumpismo que lidera Isabel Díaz Ayuso. La demolición de la educación pública en primaria y secundaria constituye una pieza fundamental de la estrategia. Desde hace años, se ha establecido con total impunidad un sistema de segregación por el que a los centros concertados se les permite, además de cobrar ilegalmente cuotas económicas, seleccionar sólo a estudiantes que no presenten ninguna dificultad, concentrando así todos los problemas sociales en el cada vez más exiguo sistema público. De este modo, además del esfuerzo que implica el pago de las tasas, hay barrios enteros en los que no poder pagar la concertada te aleja de forma drástica del acceso a la universidad.

La ruptura del pacto social que esto implica es de un calado profundo. Hasta hace tres generaciones, España era en buena medida un país de campesinos sin acceso a la propiedad. Los últimos gestores del franquismo decidieron que tanto el desarrollo del país como la paz social debían basarse en tres ejes centrales: migración a la ciudad, ampliación del acceso a los estudios universitarios y aspiración verosímil a la propiedad inmobiliaria. Millones de campesinos hicieron un esfuerzo indecible para dar al menos a alguno de sus hijos estudios universitarios y comenzar así una narrativa familiar de ascenso social que, con frecuencia, podía culminar con la propiedad de la vivienda habitual e incluso de una segunda residencia (no tan grande como la del farmacéutico, claro, pero a dos pasos de la playa). Pudieron incluso aspirar a que casi todos sus nietos cursaran estudios superiores (igual que los nietos del notario). De este modo, gracias a sus universidades públicas, Madrid ha logrado, en el tiempo récord de tres generaciones, convertirse en una gran capital europea.

Pero ese pacto social está colapsando en todos sus detalles como resultado de un plan de demolición sostenido. Para empezar, como expresaba con precisión @jorgedioni, ya «el objetivo del plan Bolonia era que toda esa gente que era la primera persona con estudios universitarios de su familia fuera también la última». Por otro lado, el acceso a estudios universitarios queda cada vez más lejos de permitir el acceso a la vivienda en condiciones dignas. Ante una población muy cualificada, caben dos estrategias: a) impulsar la investigación, el desarrollo, la transición ecológica, las telecomunicaciones, la inteligencia artificial o cualquiera de los ámbitos que nos haga ganar soberanía, o b) apostarlo todo al turismo, al negocio inmobiliario y al rentismo como eje económico y financiero. Si se apuesta por b, no se puede hacer nada con esa cualificación (salvo exportarla, como las naranjas) y el acceso a la propiedad vuelve a depender de la herencia (bonificada, recordemos, al 100%).

Como resultado, capas cada vez más amplias de la población se representan como algo crecientemente ajeno y lejano ese principio que, como vimos, es al menos desde Kant un principio irrenunciable de todo Estado civil: «a cada miembro de la comunidad le ha de ser lícito alcanzar dentro de ella una posición de cualquier nivel». El estudiante más brillante de un centro de difícil desempeño, ¿puede de forma verosímil aspirar a ser, por ejemplo, Abogado del Estado si sus padres son de clase trabajadora y viven de alquiler? La necesidad de invertir años de estudio sin remuneración (varios años para estudiar una carrera y varios más de oposición) hace que los cuerpos técnicos de la Administración vayan quedando reservados a un grupo cada vez más pequeño de familias propietarias.

De hecho, la dirección de las funciones del Estado (que no es un consejo de administración) se encuentra en pleno proceso regresivo: el acceso vuelve a depender cada vez más de la herencia y el linaje que del mérito y la capacidad. A este respecto, hay un asunto que suele pasar inadvertido: las elites disponen siempre de espacios y dispositivos de reproducción. Y esto les garantiza el monopolio del poder. Se trata de un sistema tan sutil como eficaz. No hace falta ningún esfuerzo para que las elites y sus descendencias entren en contacto, se conozcan, intercambien los teléfonos, sepan rápido quién les podría afinar un asunto jurídico o informar en confianza de un tema delicado; del hijo de quién te puedes fiar para qué o en qué se ha especializado el nieto de aquel. Las clases dirigentes no tienen que inventar esos espacios: los tienen a disposición y crecen en ellos como algo natural. Colegios privados, másteres de gestión empresarial o bodas en El Escorial son lugares donde se tejen las agendas que van a gobernar el país. No ya las «agendas» en el sentido de «planes a desarrollar», sino en un sentido previo y más básico: la relación de esos 1.000 contactos sin los cuales no es posible desarrollar ningún plan de largo alcance.

Sin una red de ese tipo, ninguna fuerza democratizadora puede aspirar a realizar cambios significativos. Pueden surgir movimientos emancipatorios o espacios de resistencia popular, pero, sin ese tejido mínimo (esos 1.000 teléfonos), pueden cobrar a lo sumo la forma de un motín y ser quizá un problema para alguna compañía de seguros, pero no tomar las riendas del poder que mantienen las oligarquías en régimen de monopolio.

Este espacio de «formación de cuadros», como lo denominaron las tradiciones del movimiento obrero, no pueden proporcionarlo hoy los partidos y sindicatos; y no sólo por su marcada institucionalización sino, sobre todo, por la complejidad técnica de lo que habría que gestionar llegado el caso. Cualquier proceso de cambio necesita atender, de forma coordinada, a una inmensidad de tareas altamente cualificadas. Y si a los sectores populares les ha separado un abismo de esa capacitación, no es posible que se impriman cambios a su impulso. El lugar más democrático de socialización a este respecto es una universidad pública, gratuita, amplia y abierta. Cuando es accesible sin grandes sesgos de clase, raza o género, y está dotada de una intensa vida interna (asociaciones de estudiantes, clubs deportivos, grupos de teatro, congresos, seminarios, espacios de representación, autoorganización de iniciativas académicas, culturales, políticas o de ocio, etc.), permanece abierto un espacio que hace posibles ciclos democratizadores. Acabar con él constituye un objetivo militar para las oligarquías, que, sencillamente, no quieren ver amenazado su monopolio sobre las riendas del poder.

Un bien público incompatible con el ánimo de lucro

A partir de lo planteado hasta aquí, puede verse con claridad por qué un Estado democrático no puede prescindir del carácter público de sus instituciones universitarias y mucho menos someterlas a la lógica mercantil del beneficio. En todas las cuestiones que hemos comentado, resalta un elemento transversal: la gran complejidad técnica que acompaña a multitud de decisiones sobre las que debemos decidir individual o colectivamente. Y sólo podemos hacerlo en libertad si preservamos como bien público esa institución que es garante de la verdad en los distintos ámbitos de conocimiento.

Existen, en efecto, multitud de asuntos en los que derechos fundamentales dependen de conocimientos tan complejos que ni los individuos ni los Gobiernos tienen por sí mismos capacidad de dirimir: ¿qué efectividad y qué riesgos tiene una vacuna?, ¿cuántas dosis es recomendable administrar según los distintos factores de riesgo?, ¿son posibles alternativas más baratas y menos invasivas?, ¿podría haber cura para enfermedades hoy crónicas y con tratamientos muy lucrativos? Se trata de cuestiones que no podemos saber individualmente ninguno de nosotros, ni como ciudadanos, ni como consumidores, pero que tampoco están al alcance de ningún Ministerio si no es gracias al soporte de instituciones públicas de investigación. ¿Para quién resultaría deseable un mundo con industrias farmacéuticas pero sin universidad pública? O, peor aún, ¿a quién le podría interesar un mundo en el que la financiación de la universidad dependa de las farmacéuticas? O pensemos, por ejemplo, en la emergencia climática a la que nos enfrentamos: ¿qué nivel de insensatez hace falta para imponer que entre Repsol e Iberdrola decidan el presupuesto de las universidades? El derecho a que nuestro planeta siga siendo habitable dentro de 50 años es algo sobre lo que no deberíamos poder siquiera decidir los vivos de hoy. Y la primera garantía de ese derecho es disponer de conocimiento no interesado al respecto. O la propia soberanía europea: ¿no depende de forma inmediata, por ejemplo, de que podamos generar de forma autónoma tecnología propia de telecomunicaciones?

Pero nuestra libertad no depende sólo de las facultades de Ciencias. En un mundo complejo, cualquier discusión pública se basa en abundantes conocimientos especializados. Pongamos, por ejemplo, la cuestión de la vivienda: se trata de un derecho constitucional que, sin embargo, resulta casi una fantasía para la generación *millenial* y las siguientes. Ahora bien, cualquier propuesta de solución –tanto como la resistencia a solucionarlo en absoluto– pone en juego una ingente cantidad de conocimientos financieros, fiscales, productivos, urbanísticos, análisis comparado de políticas públicas en distintos países europeos…, incluso cuestiones aún más básicas: ¿cuál es la situación efectiva en la que nos encontramos?, ¿cuál es el peso relativo de los fondos buitre y el de las ancianas que complementan su pensión? ¿Tiene sentido delegar ese conocimiento en promotores inmobiliarios y fondos de inversión? El derecho de la ciudadanía a decidir el propio diseño urbano depende de que seamos capaces de disponer de conocimiento no hipotecado.

Esto mismo ocurre con cualquier política pública: dónde se encuentran los problemas, a qué colectivos, territorios o franjas de edad afectan de forma específica, qué causas tienen y hasta dónde alcanzan sus efectos, qué soluciones son posibles y qué dificultades implican… Desde las políticas de inserción laboral o la lucha contra la violencia machista hasta el diseño de grandes infraestructuras o la cohesión territorial, desde la política económica o el diseño fiscal hasta la salud mental o física, implican decisiones que una ciudadanía libre sólo puede tomar si dispone de una cantidad enorme de conocimientos en los que pueda confiar.

Y no es menor la importancia de las Humanidades: nuestra libertad también se juega en el derecho a ampliar y componer nuestra propia memoria, descubrir nuevas vetas de complejidad y añadir capas de profundidad para, a partir de ellas, habitar un presente amplio y abrir un futuro rico en posibilidades, sobre el que podamos actuar de un modo reflexivo. Y eso sólo es posible si, generación tras generación, se ensancha y problematiza ese gran archivo de lo que somos; un archivo compuesto de textos, obras de arte, yacimientos, leyes, ideas triunfantes y derrotadas, acciones que dejaron huellas visibles y otras sólo latentes, etcétera.

Por su parte, la Facultad de Derecho no es –o no debería ser– una academia de abogados, sino una institución con la que legisladores y jueces están obligados a convivir, y que no crea ni aplica el derecho, pero sí lo piensa, lo compara con sus propios principios y con el de otros ordenamientos, busca posibles lagunas, discute antinomias… Y nada de esto puede ser sustituido por instituciones de interés gremial como los colegios profesionales.

El desarrollo de un tejido universitario es algo cuya construcción requiere tiempos históricos, pero puede ser destruido en un par de legislaturas irresponsables. Este es el motivo por el que su protección y autonomía tienen rango constitucional. Sin embargo, estamos en tiempos en los que algunos Gobiernos, incluso locales, se han declarado en rebeldía y las instancias superiores (ya sean tratados internacionales o europeos, leyes estatales o sentencias federales según los casos) no parecen dispuestas a imponer el cumplimiento de la ley.

Se trata sin duda de una institucionalidad frágil, pero sus condiciones de posibilidad no hay que inventarlas. Se sabe lo que hay que hacer para conservarla y lo que hay que hacer para destruirla. Lo sabe Trump, lo sabe Ayuso y lo saben todos los tiranos: para destruirla, basta arrebatarle la libertad e imponerle obediencia a principios distintos de los suyos, ya sea un dogma religioso o el ánimo de lucro. El principio que orienta a la institución universitaria es la búsqueda de la verdad, que a veces coincidirá más y otras menos con el de la obtención de beneficios. Pero no son el mismo. Ni lo pueden ser. A Repsol le puede resultar beneficiosa o no la verdad sobre el cambio climático, pero ni el objetivo de Repsol es la verdad ni el objetivo de la verdad es la cuenta de resultados de Repsol. El ánimo de lucro puede tener su espacio, pero no puede imponerse como el único legítimo para toda institución.

Cuando el objetivo es la verdad, las cosas se deben medir con las reglas y procedimientos de cada ciencia. Para la obtención de beneficios, todo se debe medir con las reglas del mercado. Son órdenes que no tienen las mismas reglas, por mucho que se empeñen los enemigos de la civilización. Una sociedad democrática necesita disponer de instituciones que le garanticen la verdad en cuestiones muy complejas. Y, para ello, debe asegurar que ni el poder político ni el económico puedan interferir en los resultados ni decidir a quién se contrata o a quién se despide. Si esto pasa a depender de los mercados (incluso de los mercados financieros), si los mecanismos de acceso intensifican los sesgos de clase o si docentes e investigadores pueden ser despedidos en cualquier momento, la institución desaparece, aunque se conserve el nombre para hacer negocio con él. Dar rango de ley a la infrafinanciación que la universidad madrileña arrastra desde hace años; desbocar el poder decisorio de las empresas desde el Consejo Social; establecer las tasas más elevadas del país, suprimir becas, precarizar la carrera docente e investigadora, y asegurar que sólo acede quien disponga de recursos propios con los que mantenerse durante años;

reemplazar los cuerpos docentes universitarios –de cuya estabilidad dependía el sentido sustantivo de la libertad de cátedra– por un índice de temporalidad mayor que el de la hostelería (él mismo demencial); negar el bien público del que la institución es garante; equiparar su dignidad a la de cualquier garaje con conexión a internet y una impresora para los títulos… cada línea de la ley de la Comunidad de Madrid supura desprecio contra la institución universitaria. Y cada golpe que recibe la institución, es un paso que alimenta una desconfianza corrosiva para el orden democrático.

Erosionar la universidad es alimentar a las fuerzas iliberales, reaccionarias y enemigas de la ciencia, a antivacunas, negacionistas del cambio climático, descreídos, paranoicos, terraplanistas… No se trata de un efecto secundario que asumen a cambio de un nicho de negocio para vendedores de títulos. Para los operadores del trumpismo en todo el mundo, se trata de un objetivo tan importante o más que el del propio nicho de mercado.

Puede que en Estados Unidos ya no estén a tiempo de evitar la catástrofe. Su institución universitaria lleva tiempo siendo algo de las elites y para las elites. Cuando Harvard se revuelve hoy contra el tirano en defensa de su libertad, descubre a mucha gente resentida, humillada, cargada de desprecio y de odio contra la inteligencia, la ciencia y todo lo que se ha producido a una distancia sideral de ellos; descubre que una parte importante de ese pueblo ha perdido hasta el recuerdo de que las facultades de Medicina formaban para la salud, las de Periodismo para la información y las de Derecho para la ley. En la vivencia cotidiana de amplias capas de la población, todas las facultades formaban para el lucro, y así se lo hacían saber los egresados. Parte de la rebelión antimoderna a la que estamos asistiendo es contra ellos: contra su inteligencia, su ciencia, su verdad y su clase; y está liderada por un jefe de horda tan absurdamente rico que no se le supone movido por el ánimo de lucro. En Europa aún no estamos en ese abismo. Pero, si queremos evitarlo, debemos luchar contra las franquicias que la barbarie ha instalado en nuestro continente.

CAPÍTULO VI

La universidad intervenida: neoliberalismo y gobernanza tecnocrática

RODRIGO CASTRO ORELLANA

> Estas son las desventajas de un espíritu comercial: las mentes de los hombres se contraen y se vuelven incapaces de elevarse. Se desprecia la educación o, por lo menos, se deja a un lado, y el espíritu heroico se extingue casi por completo. Remediar estos defectos sería objetivo digno de atención seria.
>
> Adam Smith

Los datos resultan contundentes. Desde hace años se está desplegando una operación sistemática de destrucción de las universidades públicas. Madrid, en este contexto, representa un caso evidente de esta política de descomposición premeditada de la educación superior. Que el presupuesto establecido por el Gobierno autonómico para las universidades públicas no haya sufrido ningún cambio durante más de diez años no puede ser atribuido a un simple despropósito ideológico. Hay que reconocer en ello un proyecto que aspira a conseguir una específica producción del espacio universitario mediante una acumulación de transformaciones. Estas modificaciones sólo pueden deslizarse lentamente, ya que enfrentan el obstáculo de una percepción sobre el valor de lo público que todavía está enraizada en la sociedad española. De esto último es testimonio el reconocimiento y el prestigio que aún alberga entre la ciudadanía el sistema de educación público frente al privado. Sin embargo, la acción de este proyecto excede con creces la realidad específica madrileña. En diversas partes del mundo, las universidades públicas son maltratadas, descuidadas o jibarizadas en mayor o menor medida. Se trata de una de las estrategias principales del proceso de neoliberalización global en curso, es decir, de la diseminación planetaria de los valores del mercado y de la racionalidad técnico-administrativa a todos los ámbitos de la existencia humana.

La expresión *neoliberalización* puede parecer problemática o confusa porque se suele asociar el término *neoliberalismo* a un cuerpo doctrinario que, visto de cerca, se halla lejos de ofrecer algo así como un discurso exhaustivo y coherente. De hecho, existe un desajuste entre las ideas neoliberales como tales y el neoliberalismo realmente operante en nuestras sociedades. Por este motivo, considero razonable comprenderlo, no como una corriente de opinión o un simple estilo de gobierno, sino como una suma de prácticas gubernamentales, una red en la cual se entrecruzan formas de ejercicio del poder, mecanismos de producción de conductas, representaciones y creencias. Un proceso transversal de producción de subjetividad que se sirve de estrategias dispares, no necesariamente consistentes o articulables entre sí. Desde esta perspectiva, el término *neoliberalismo* puede ser útil para describir el funcionamiento de poderes hegemónicos que configuran nuestra experiencia y determinan nuestra cotidianidad. Permite establecer una familiaridad entre estos heterogéneos dispositivos, la cual se podría resumir en tres formas de producción. En primer lugar, la promoción y el refuerzo de un modo de ser sujeto como *capital humano*. Esto implica establecer el primado del *Homo œconomicus* concebido como espacio de autogestión de sí mismo en función de la optimización y la rentabilidad competitiva. Segundo, la generación de medios regulados por variables económicas y protocolos tecnocráticos que ningún sujeto puede modificar. Aunque nadie sea soberano de estas atmósferas o estos espacios acondicionados y de sus reglas, los individuos son insertados en ellos con el propósito de que las decisiones que tomen sean siempre funcionales a la expansión del mercado. Tercero, la disolución ampliada de todas las fuerzas o energías que podrían bloquear o impedir los dos procesos anteriores, es decir, la formación de una *subjetividad empresarial* y la multiplicación de *mundos-mercado*.

Los poderes neoliberales circularían destruyendo bienes públicos, prácticas de solidaridad, valores comunitarios e instituciones de lo común; absorbiendo todo ello dentro del imperativo ciego de la autorreferencialidad individual, la visibilidad personal o la autorresponsabilidad. La actual crisis de la cultura democrática o el declive de los valores colectivos no se deberían entender, entonces, como un efecto inevitable de una supuesta mutación cultural que habría determinado la decadencia de la idea de representación frente al auge del individualismo. El retroceso de los discursos y las prácticas democráticas correspondería, por el contrario, al efecto más inquietante de racionalidades y dispositivos que convierten a los ciudadanos exclusivamente en inversionistas, consumidores o clientes. El neoliberalismo pretende la desaparición de todo aquello que suponga una exterioridad o una diferencia con respecto al carácter absoluto del interés privado y la mercantilización de la vida. Por eso su programa político puede calificarse como esencialmente contrario a la democracia, ya que busca un nuevo ordenamiento social basado en un poder uno e indiviso.

Dentro de esta escena, la universidad pública constituye un espacio clave para el desarrollo de la gobernanza neoliberal. De ella dependería, por ejemplo, la producción del *capital humano* requerido por los nuevos sistemas de acumulación capitalista. En sus aulas se jugaría la posibilidad de abandonar el esquema formativo de una subjetividad educada para la vida pública en beneficio de una enseñanza de habilidades técnicas supuestamente eficientes para el incremento de la empleabilidad[1]. La cacareada «sociedad del conocimiento» como horizonte de las actuaciones se convierte, de este modo, en un adiestramiento bastante elemental centra-

---

[1] La noción de empleabilidad constituye una derivación de la idea de *capital humano*. Se refiere a las condiciones personales que un individuo puede llegar a tener o desarrollar mediante la autogestión y que lo convierten en alguien más o menos capacitado para conseguir un empleo.

do en el acopio de informaciones relevantes según las demandas del mundo de la empresa y el mercado. Así se erosiona la calidad de la educación superior pública, al mismo tiempo que se incrementan los obstáculos para acceder a ella. Pero no se trata de un accidente indeseado o de un efecto inesperado. El proyecto de neoliberalización de la institución universitaria tiene por objetivo prioritario la minimización de las potencialidades de una ciudadanía crítica y democrática.

Por esta causa, no resulta extraño que en la ofensiva contra la universidad pública converjan los discursos tecnocráticos referidos al incremento de la competitividad o la eficacia en los resultados con los planteamientos antiintelectuales, contrainstitucionales y autoritarios que la extrema derecha viene defendiendo en la última década. Hay que tener presente en este punto que la vinculación que existió, en su momento, entre el desarrollo de la economía de mercado y la democracia liberal se ha disuelto en favor de un proceso de neoliberalización que demanda una ampliación del autoritarismo como única forma de asegurar la continuidad del proceso de acumulación. Lo que se juega, por tanto, en todo esto es la salvaguarda de los últimos recursos culturales e institucionales que podrían garantizar la subsistencia del pluralismo, el ideal de *lo común* y la inteligencia para ofrecer a la sociedad alternativas frente a sus dilemas más sustantivos. En este sentido, la universidad pública representa la última frontera de la dominación neoliberal.

En las ruinas de la autonomía universitaria

La autonomía de las instituciones públicas universitarias obedece a un antiguo principio ético y filosófico que reivindica la separación entre los dominios de la ciencia y de la política. Esta distinción pretendía garantizar el diseño humanista de la universidad como un lugar donde fuese posible el desarrollo libre del pensamiento y del conocimiento sin que estos se vieran sometidos a los intereses del poder o a cualquier intento de tutelaje. La independencia institucional, por tanto, no debe ser concebida como una concentración de privilegios por parte de una elite alejada de la sociedad, sino como el criterio que garantiza el compromiso de la inteligencia creadora con el bien público. Esto último implica la mejora del bienestar material de la población, pero, sobre todo, una necesaria relación crítica con los obstáculos que el presente impone para el advenimiento de la equidad entre los sujetos y la realización de los valores democráticos. La salvaguarda de este ideal justifica la existencia de un gobierno universitario soberano con participación activa de profesores, estudiantes y personal de servicios. Se trata de asegurar, de esta forma, el efectivo cumplimiento del compromiso social de la universidad, lo cual solamente puede conseguirse desde el pluralismo, la apertura constante al diálogo y la diversidad de las ideas. No queremos decir con esto que la autonomía universitaria sólo sea posible a través de la suspensión de todos los juicios políticos y el abandono de las ideologías. La cuestión se refiere más bien al «*ethos* universitario» con que nos aproximamos reflexivamente a los intereses y las creencias de la política, al examen severo con que los analizamos desde una actitud científica rigurosa, a la problematización sistemática de estos juicios y al uso permanente del método crítico. Este es el autogobierno del pensamiento que debe enfrentarse a cualquier intento de darle un orden o ponerle un límite desde el exterior. Esta es la condición de posibilidad fundamental para que ningún interés o idea logre instalarse como una verdad absoluta y dogmática.

Sin embargo, este ideal de autonomía universitaria se halla en un franco retroceso como consecuencia de la neoliberalización de las instituciones públicas. La universidad contemporánea se encuentra sometida crecientemente al modelo del negocio o la empresa, y a las condiciones que impone el mercado. Este poder de los intereses privados penetra en ella como una autoridad rectora unilateral e indiscutible que aniquila la autonomía institucional. Impone su norma en la gestión interna de las universidades vaciando los propósitos de estas de cualquier objetivo que no sea el rendimiento económico y la generación de *capital humano*.

La educación de los ciudadanos para la democracia, la formación de una actitud crítica y científica respecto al mundo, la necesaria fuerza creativa para imaginar una vida no sujeta únicamente a la capitalización, todo ello retrocede como efecto de la intervención extrema que efectúa la gobernanza neoliberal. Es decir, como resultado de un conjunto de estrategias, procesos o procedimientos que posibilitan el control, la regulación y la administración organizacional de la universidad pública. Todo un sistema de dirección tecno-burocrática que oculta tras el discurso de la productividad y la retórica de la eficacia o la calidad del servicio un programa político que satura la vida universitaria, despojando a los profesionales y los expertos de la capacidad de decisión sustantiva sobre la naturaleza de los planes de estudio, la estructura de los títulos, los criterios de evaluación o las temáticas de investigación.

Resulta paradójico, en este contexto, que los propios defensores de este proyecto neoliberal denuncien a menudo en los medios de comunicación una supuesta politización de la educación pública, cuando lo que les anima es precisamente someter a la universidad al primado absoluto de una única racionalidad y de una visión del mundo que no acepta ninguna verdad alternativa. La universidad pública está intervenida desde hace años por este totalitarismo que, al pisotear la autonomía, desintegra la reflexividad crítica que requieren tanto la investigación académica como la institucionalidad democrática. Muchos autores se han interrogado acerca de la enigmática capacidad de reproducción y continuidad de la gobernanza neoliberal pese a sus crisis y contradicciones radicales. Para aclararlo bastaría con observar esta compleja operación de subordinación que los *dispositivos neoliberales* llevan a cabo precisamente en aquellos ámbitos de la experiencia que podrían potencialmente esbozar un horizonte de expectativas diferente. Si el fracaso del neoliberalismo no produce otra cosa más que neoliberalismo[2], ello se debe, entre otros factores, a un bloqueo político

---

2   Me refiero a la capacidad de la gobernanza neoliberal para continuar operando pese a los diversos contextos de crisis que ha enfrentado en las

de la inteligencia humana y la imaginación creadora. En las ruinas de la autonomía universitaria, entonces, subyace tanto la posibilidad de un mundo otro como el peligro inminente del colapso definitivo de la democracia.

MECANISMOS DE LA GOBERNANZA NEOLIBERAL UNIVERSITARIA

La intervención política de la universidad desplegada por la gobernanza neoliberal se realiza a través de una serie de mecanismos. Quiero destacar cinco de ellos que me parecen especialmente relevantes para advertir el enorme alcance de la vulneración de la autonomía universitaria y sus consecuencias sociales.

Disolver al ciudadano en capital humano

La misión de la universidad neoliberal ya no tiene que ver con la formación de seres humanos que puedan vincularse desde una autosuficiencia básica con cada una de las esferas de la vida social: la política, la cultural o la económica. Todas estas distinciones se borrarían a partir de la comprensión de la propia realidad humana como un capital que corresponde administrar, incrementar, rentabilizar y multiplicar. A partir de este criterio se reclama a la institución de enseñanza superior concentrar sus esfuerzos en el aumento del índice de empleabilidad de sus futuros egresados. Esto concede una autoridad sin contrapeso a empleadores, empresas e intereses privados en general a la hora de formalizar, recortar y ordenar las políticas internas del espacio académico. No sería ya la universidad aquella que brinda un ideal regulador al mundo del mercado, sino que el imperativo económico lo subsumiría todo por completo. Como es lógico, esta maximización del *capital hu-*

últimas décadas. A esto apunta Mark Fisher, por ejemplo, cuando describe la estructura «zombi» del neoliberalismo, un muerto viviente que, pese a todo, sigue devorando cerebros.

mano no puede ser ejecutada sin una radical reducción de la complejidad, entre otras, de las tareas docentes, las cuales se ven impelidas a desplazarse de los desafíos del conocimiento reflexivo a la simplicidad y la inmediatez de la comunicación de información y competencias técnicas. En este punto, la gobernanza neoliberal impone una jerga que funciona como el nuevo «sentido común» de la enseñanza. Se deja de hablar propiamente de aprendizajes y nadie esgrime un concepto tan aparentemente extraño como el de «saber». Ahora se apela a «destrezas», «habilidades» o «competencias» que un *estudiante-consumidor* tendría que incorporar a su específico «capital individual». Porque «ser empleable» no sería otra cosa más que «ser competitivo». En este sentido, la universidad se halla conducida a ser un mero reflejo de las exigencias sociales y del *statu quo*. Es decir, se convierte en una especie de «selva salvaje» donde todos deberían luchar contra todos por la subsistencia. Así, la competitividad –una técnica y un valor propios del mercado– coloniza un territorio en el que debería arraigar la moralidad de la actitud científica, un *ethos* de la colaboración y el apoyo mutuos.

La gobernanza neoliberal consigue, de este modo, uno de sus propósitos primordiales, hacer funcionar a la institución universitaria como un aparato productor de engranajes de la maquinaria económica; un generador de individualidades competitivas sin convicción pública alguna. Esto no solamente afecta a los itinerarios del estudiantado, sino que también atraviesa las nuevas formas de construcción de trayectorias académicas dentro del profesorado. La propia «subjetividad intelectual», por ende, se ve impelida a desarrollarse de acuerdo con los parámetros del *capital humano*, arrasando con las instancias de cooperación colectiva, destruyendo la necesaria disponibilidad de tiempo para el diálogo, la imprescindible comprensión del otro como un colaborador y no como un adversario. De esta forma, la intervención política de la universidad pública se consuma en la descomposición del tejido social que debería servirle de sustento. Los «especialistas desprovistos de espiritualidad» comienzan a proliferar, pero no en el sentido exacto en que los describió Weber a propósito del desarrollo científico de principios del siglo xx. Nuestros especialistas «se han quedado sin espíritu» al detenerse en la mera satisfacción de sus personalidades profesionales, en medio de la devastación institucional que les rodea, renunciando al cometido de recuperar un sentido mínimo de comunidad dentro del espacio universitario.

Dominar a través de las evaluaciones

La gobernanza neoliberal encubre su intervención política a través de un conjunto amplio de discursos y procedimientos que se enuncian o ejecutan en nombre de la calidad de la enseñanza. Sin embargo, los indicadores con que se califica, por ejemplo, la práctica docente no guardan relación alguna con el desarrollo del conocimiento crítico o con la contribución de la acción pedagógica al avance de una cultura democrática. La universidad se encuentra sometida a una multiplicidad de sistemas evaluativos que la examinan en función de la satisfacción de sus consumidores: el *estudiante-cliente* y el empleador. De ahí la proliferación inagotable de encuestas dirigidas a los denominados «grupos de interés» de cada titulación, los rutinarios procesos de acreditación que supervisan la adecuación de la formación a las reglas del mercado, la multiplicación de agentes externos y de toda una estructura orgánica de la calidad (agencias, vicerrectorados, direcciones, comisiones de titulación, de centro o de universidad) que acumula memorias e informes con análisis exhaustivos sobre tasas de éxito, tasas de rendimiento, índices o curvas de mejoramiento, etcétera. Toda una suma de mecanismos de control que han pasado a formar parte del funcionamiento habitual de la universidad pública y que evidencian la existencia de un tutelaje que busca asegurar el sometimiento de la institución a la norma neoliberal. En el caso particular de estos protocolos de vigilancia, llama la atención especialmente la escisión que introducen entre docencia e investigación, dos dimensiones que el imaginario académico todavía percibe como estrechamente entrelazadas. Pero a la gobernanza neoliberal le interesa separarlas con el objetivo de aplicar a cada ámbito pautas más refinadas de supervisión.

En este contexto, en la misma medida en que abundan sistemas de control de la docencia sin referencia alguna a la investigación, se multiplican las técnicas de evaluación que delimitan los problemas y las líneas de investigación a través de la comprobación constante de estándares de calidad adaptados a la racionalidad económica. La publicación en revistas científicas, por ejemplo, mérito imprescindible para la carrera profesional del investigador, se encuentra directamente determinada por la indexación y el factor de impacto que deriva del número de citas o descargas del artículo en cuestión, es decir, de la circulación y consumo entre un público determinado. Así se produce la acumulación cuantitativa de publicaciones calificadas como relevantes, las cuales abultan el currículum del profesor universitario hasta hacerlo competitivo. En esta práctica emerge nuevamente la lógica del *capital humano*, que obliga al experto a realizar una selección de las temáticas pertinentes que desarrollar o respecto al perfil de las revistas en que difundir sus investigaciones, en la misma medida en que queda supeditado a un estilo de exposición del pensamiento, a un método encorsetado de presentación de los resultados de su trabajo científico. Excedería la extensión razonable de este capítulo detenernos a enumerar en este punto todos los problemas, los interrogantes, las configuraciones plásticas y creativas del discurso y del pensamiento que son marginadas o excluidas como efecto de estos criterios de pseudocalidad.

No obstante, el gobierno de la universidad, mediante calificaciones y clasificaciones, no se limita a los campos de la docencia y la investigación. Este mecanismo de gobernanza se expande atravesando numerosos estratos: acreditación y jerarquización de instituciones, evaluaciones para la obtención de becas o financiación dirigidas a los estudiantes, tasación de méritos para la contratación y promoción de profesorado, valoración de la reputación global de una institución universitaria (*rankings* internacionales), etcétera.

Innovar para siempre lo mismo

La exigencia de ser estudiantes, profesores o centros competitivos, al igual que el mandato de que la institución genere sus propios recursos, se articulan en uno de los imperativos centrales de la retórica de la universidad neoliberal: *hay que innovar*. En efecto, una de las razones que explica el interés de las instancias gubernamentales y del mundo empresarial en las universidades tiene que ver con la supuesta capacidad de estas para producir nuevas tecnologías y *capital humano* competente para la innovación[3]. Innovar se presenta como un valor en sí mismo, algo que demanda el mercado, entendido como un lugar donde el conocimiento aplicado constituye el principal factor generador de capital. Sin embargo, pocas veces se observa que esta regla de la innovación interminable esconde una operación política que pretende subordinar la experticia y la inteligencia creadora de la universidad a la obligación de innovar, aunque en realidad sea para siempre lo mismo.

La cuestión clave para la gobernanza neoliberal no reside en el efectivo contenido innovador de un hallazgo o una aplicación científica, sino más bien en poder desplazar a un segundo plano otros resultados intelectuales y sociales valiosos que derivan de la actividad docente-investigadora universitaria. Relegarlos hasta su extinción. En el proceso de innovación constante, la universidad jamás cumple el rol de determinar por ella misma los criterios que permitirían definir lo que significa innovar, porque existe un espacio externo no universitario que ordena las pautas que establecen la idoneidad de las producciones tecnológicas y los requerimientos del *capital humano*. Desde este punto de vista, poco importan el verdadero grado de disrupción o el efecto económi-

---

[3] Christopher Newfield, «El discurso de la innovación y la universidad neoliberal: diez razones para abolir la innovación disruptiva», en William Callison y Zachari Manfredi (ed.). *Neoliberalismo mutante. Gobierno del mercado y ruptura política*, Madrid, Lengua de Trapo, 2023, pp. 325-358.

co que la innovación suscite. Lo importante está en el resultado directivo que este axioma de la innovación consigue en tanto en cuanto monopoliza las metas del conocimiento universitario en general. En el mismo sentido, las eventuales novedades de turno imperantes frente a las cuales la universidad es obligada a adaptarse una y otra vez no tienen otro propósito que un «toque a rebato» interno para mantener al personal íntegramente ocupado en la creación de novedosas modificaciones para que, en realidad, todo siga igual. En el pasado fueron las TICS, con su promesa de revolución didáctica dentro del aula; más tarde los cursos MOOC, sobre los cuales se decía que cambiarían para siempre la oferta de titulaciones universitarias; hoy es la IA como promesa de una alteración radical de nuestra relación con el conocimiento. No se trata de negar que estos aportes de la técnica puedan ser relevantes para el proyecto universitario, sino de advertir que la «avidez de novedades» funciona aquí como un mecanismo para reorientar y disolver el interés público de la institución.

Hundir el pensamiento en la burocratización

Los tres mecanismos de gobernanza neoliberal, descritos en los apartados anteriores, producen una verdadera inflación burocrática en el funcionamiento cotidiano de la universidad. La racionalidad gerencial coloniza la actividad académica, convirtiendo tareas como la docencia, la investigación o la gestión en labores de carácter principalmente administrativo. Como ha observado Hibou, el profesor universitario contemporáneo dedica una gran parte de su actividad laboral a rellenar formularios, redactar reportes anuales, preparar informes, completar aplicaciones, responder encuestas, justificar solicitudes de financiación, acreditar el buen uso de los fondos externos recibidos, pedir certificaciones de méritos alcanzados, etcétera[4]. Los requerimientos burocráticos se

---

[4] Béatrice Hibou, *La burocratización del mundo en la era neoliberal*, Madrid, Dado, 2020, pp. 88-89.

acumulan en tal medida que prácticamente no quedaría tiempo ni energía para algo más allá de los propios procedimientos. Así se genera el resultado aparentemente paradójico de que las labores de papeleo absorban casi por completo la función que las normas y reglas pretenden asegurar y potenciar. El investigador, por ejemplo, consagra un esfuerzo mucho mayor a resolver quehaceres burocráticos que al desarrollo específico de sus propios proyectos de investigación. Pero todo esto no implica que la gobernanza neoliberal incurra en una disfuncionalidad. Por el contrario, la burocratización del espacio universitario tiene por objetivo reconducir la inteligencia experta hacia la eternidad farragosa de los trámites, extraviarla en el reino de medios sin fin alguno, reduciendo de este modo su eventual autonomía. Esto último explica la percepción que se puede tener de absurdo e incomprensión a la hora de afrontar el sentido y la utilidad de estas tareas burocráticas.

¿Qué tipo de operación mental sirve de soporte a la organización de semejante universo de exigencias administrativas? En primer lugar, una que pretende inducir en el profesional un estado de conciencia de vigilancia exhaustiva y constante. Sin embargo, al vaciar estos procesos de efectos significativos o de algún fin reconocible que tenga valor docente, intelectual o científico, los burocratizados tienden a responder a estas disposiciones de la gobernanza neoliberal con la producción de una documentación irrelevante. De esta forma, la institución se centra cada vez más en la generación de simples representaciones, en una suerte de simulacro de la rendición de cuentas, en la cínica apariencia de eficiencia administrativa, apartándose de su verdadera misión sustantiva. Porque, en definitiva, la intervención burocrática es, sobre todo, un intento de obstaculizar el pensamiento dentro del espacio universitario.

La política de la carcoma

Un quinto mecanismo de la gobernanza neoliberal tiene que ver con el ritmo en que se ejecuta la transformación efectiva de la universidad pública. Aquí es donde opera, por ejemplo, el uso de la infrafinanciación como una herramienta política que avanza gradualmente. Se podría comparar con la acción de la carcoma, que en este caso va destruyendo poco a poco las estructuras institucionales sólidas de lo público. Esta estrategia ha sido teorizada por la doctrina neoliberal. Por ejemplo, el economista británico Madsen Pirie habló, en medio del auge de la administración Thatcher, de una «micropolítica neoliberal» que consistiría en una destrucción progresiva, lenta y escalonada de la salud o la educación públicas en sociedades que han disfrutado de un Estado de bienestar sólido[5]. El objetivo de esta táctica consistiría en que se vayan instalando paulatinamente en los sujetos y en la propia realidad nuevas percepciones y valoraciones que universalicen el territorio del mercado y de la iniciativa privada hasta disolver en último término el estado de cosas anterior al proceso de neoliberalización. Así, el sujeto arribaría a un mundo saturado de relaciones mercantiles, competitivas e individualistas que jamás habría elegido si hubiese tenido la oportunidad de optar por este tipo de sociedad desde un principio, pero que se ha hecho posible de una forma casi imperceptible y a pequeña escala a lo largo del tiempo mediante la suma de una cadena de pequeñas decisiones. La situación, por tanto, coloca a las personas ante hechos consumados y circunstancias irreversibles.

El programa de la gobernanza neoliberal no es otro que el desmantelamiento gradual de las universidades públicas. Una de las herramientas privilegiadas para conseguirlo es la asfixia económica, cuyo propósito, entre otros, consiste en maximizar el deterioro de estas instituciones para justificar como alternativa la potenciación de la enseñanza privada. Así, los *estudiantes-clientes* y sus familias supuestamente llegarían tarde o temprano a preferir la educación privada por sus eventuales mejores prestaciones, en la misma medida que los docentes más talentosos emigrarían a las universidades que mejoren sus condiciones laborales. Este mode-

---

[5] Madsen Pirie, *Micropolitics*, Londres, Wildwood House, 1988.

lo, que hoy día abandera la política universitaria de Díaz Ayuso en Madrid, culminaría con una nivelación de todas las instituciones universitarias (públicas y privadas), las cuales pasarían a competir entre sí por su financiación[6]. La infrafinanciación, entonces, debe considerarse como otro elemento que forma parte de los mecanismos por medio de los cuales la neoliberalización universitaria busca descomponer el ideal democrático y de justicia social que constituye la verdadera vocación de la enseñanza pública superior.

VOCACIÓN DE LA UNIVERSIDAD

¿Puede tener la universidad pública una vocación[7]? Sí, siempre y cuando pueda disponer de las condiciones para el ejercicio de una autonomía democrática, que le permita ofrecer horizontes y expectativas a la sociedad para orientarla más allá de las ideas y las racionalidades hegemónicas. Si la lógica dominante de nuestro presente se caracteriza por el individualismo, la competencia salvaje, la exclusión y la desigualdad, una universidad pública libre será aquella que pueda recuperar una cultura de la cooperación, contribuir al desarrollo de la inclusión social y la mejora de las condiciones de vida de todos los seres humanos. Hoy día, cuando asistimos a la expansión sin freno de un sistema de gobernanza mundial sustentado en el régimen de verdad neoliberal, la vocación universitaria solamente podrá pervivir preservando su compromiso con la pluralidad del conocimiento y la crítica.

---

[6] La situación de la educación superior chilena constituye un ejemplo de la aplicación de este modelo. Sin embargo, hay que tener presente que, en este caso, la producción neoliberal del espacio universitario no se produjo de acuerdo con la «política de la carcoma», sino que fue un efecto directo del terrorismo de Estado implantado por la dictadura de Pinochet.

[7] Wendy Brown, «The vocation of the public university», en Debaditya Bhattacharya (ed.), *The idea of the University*, Londres, Routledge India, 2018.

Por lo tanto, no se trata de algo que interese y afecte exclusivamente a la educación superior. En la actualidad asistimos a una tragedia civilizatoria de proporciones inauditas. La neoliberalización planetaria no sólo amenaza los recursos naturales hasta generar incertidumbre sobre la continuidad de la vida humana en la Tierra, sino que destruye también aceleradamente los recursos culturales con que creíamos contar, los cuales podrían brindarnos alternativas o la reflexividad necesaria para buscarlas. Las políticas autoritarias ganan legitimidad frente a la pérdida de confianza en la democracia; la libertad pierde todo su sentido colectivo y emancipador en función de una autoafirmación personal, que incorpora siempre la negación del otro; la creencia fanática y el objetivo económico desplazan el antiguo prestigio de la ciencia y la educación; el Estado se ve despojado de sus fines para quedar reducido al esqueleto de un mero poder pastoral. Así nos acercamos al peligroso escenario de una vida desinstitucionalizada por completo donde todos los espacios de protección, cuidado y proyección de lo humano han estallado por los aires en beneficio de la más elemental lucha por la subsistencia. En este contexto, la progresiva subordinación de la universidad pública a la lógica del capital reviste una gravedad histórica extraordinaria, porque implica dar por liquidado y agotado el que quizá sea el último horizonte institucional que pueda asegurar la existencia de un pueblo con discernimiento crítico orientado por un sentido de *lo común*. Sólo la universidad pública puede desplegar una vocación dirigida a renovar la democracia ante la perspectiva que se cierne sobre nosotros de un totalitarismo mundial.

Pero ¿qué se requiere para que esta vocación pueda realizarse? Me parece que, al menos, hay tres puntos clave en la defensa de la universidad pública frente a la intervención de la gobernanza neoliberal. Debemos reconocer, en primer lugar, en el estudiantado una fuerza interna decisiva. Son ellas y ellos los que enfrentan de una manera más angustiosa las brutales contradicciones y perspectivas del modo de vida neoliberal. Por eso mismo, el cuestionamiento radical al tipo de sociedad en que viven forma parte cada vez más de sus existencias cotidianas. La universidad debe acompañar este malestar, por muy difuso que parezca, dotándolo de herramientas teóricas y prácticas. Aquí hay una lección para todos los universitarios: si no queréis vivir en este mundo de incertidumbre, precariedad y violencia, es preciso resistir en el terreno mismo en que se ejecuta la intervención política de la institución pública universitaria para transformar los discursos y las prácticas que la sostienen. En estas circunstancias, el papel de las Humanidades resulta fundamental. La premeditada degradación de estos saberes por parte del conocimiento tecnocrático constituye uno de los factores que explican el derrotismo con que las comunidades universitarias en general han cedido hasta ahora a los intereses mercantiles, entregando la conducción de las instituciones a gestores desprovistos de cualquier mínimo criterio acerca de lo humano y lo universal que no se encuentre subordinado a lo inmediato y lo económico. Necesitamos que las Humanidades sean potencia rectora en el gobierno autónomo de nuestras universidades. Esto último no ocurrirá hasta que nuestros grandes intelectuales contemporáneos asuman el espacio universitario donde se desempeñan como un lugar de construcción común, que no resulta ajeno a los propósitos y las metas más estrictas y severas de la teoría, sino que puede realizarlas plenamente. Hay que desplazar a los tecnócratas, a los «especialistas desprovistos de espíritu», para reinventar el gobierno de la universidad desde una inteligencia humanista y filosófica. No se trata con ello de recuperar a los intelectuales universales, a los intelectuales específicos, ni tampoco a los intelectuales orgánicos. Todo eso todavía nos queda demasiado lejos.

Se precisa de una intelectualidad que efectivamente antagonice con la gobernanza neoliberal y que no convierta la crítica en un ejercicio de simple búsqueda del reconocimiento y la visibilidad mediática. Porque existen en la academia muchos «empresarios de sí» dedicados a la autoadministración de su rol como intelectuales progresistas que denuncian el capitalismo, pero cuyo compromiso institucional nunca va más allá del concepto. Estamos apostando por una intelectualidad crítica que sea capaz de completar la disputa especulativa contra el orden capitalista mediante una participación directa en la gobernabilidad universitaria, que introduzca la intempestividad de un tiempo democrático en la época donde se alza un nuevo despotismo. Quizá no sea mucho, pero al menos representa un comienzo.

CAPÍTULO VII
¿Es la universidad una fábrica?[1]

LAURA LLEVADOT

El pasado viernes 9 de mayo, justo el día en que debía entregar este texto, no pude salir de mi facultad, situada en el Raval de Barcelona. Un grupito de estudiantes, de cabello rigurosamente corto, bloqueaba la entrada enarbolando banderas españolas al grito de «Fuera rojos de la universidad». Un cordón de *mossos* los separaba de la puerta y de un grupo cada vez más numeroso de alumnos de Historia y de Filosofía que los increpaban al canto de «No, no, nazis no, nazis no». Lo curioso, o no tanto, es que ambos decían hablar en nombre de la clase obrera. Y lo más curioso de todo es que esto no pasaba desde la dictadura, cuando era común que las juventudes falangistas se paseasen por la universidad. Quizá sea normal en otros lugares, pero en Cataluña, donde guardamos una memoria rabiosa frente a la imposición de la lengua y los modos autoritarios, por no hablar de la sangre vertida y los cadáveres enterrados en las cunetas, el simple hecho de portar una bandera española te identifica como fascista. Por más que afirmes ser de izquierdas y de clase trabajadora, si te *sientes* español y hablas de patria, eres fascista y punto. La memoria se conserva. Ni olvido, ni perdón.

---
[1] Este trabajo ha sido realizado en el marco del proyecto de investigación «Pensamiento Contemporáneo Posfundacional-II: Análisis teórico-crítico de la ontología de la institución y sus fundamentos contingentes (PID2023-146898NB-I00)», financiado por el Ministerio de Ciencia, Innovación y Universidades, y la AEI (MICIU/AEI /10.13039/501100011033).

Basta un breve vistazo a Twitter para identificar a estos insignes salvadores de la patria. Se trata de una «asociación estudiantil patriótica», de cuyo nombre no quiero acordarme, que promete «hacer de España una nación próspera de nuevo» (¿os suena a algo?) y cuyo lema es nada menos que «El futuro nos pertenece». Los espectadores del hermoso film musical de Bob Fose *Cabaret* (1972) no podrán sino recordar la escena del *Biergarten*, aquella en la que bellos y rubios jóvenes nazis consiguen levantar a clientes cerveceros de todas las edades al son de la mítica melodía «Tomorrow belongs to me». Hasta acabar alzando el brazo. Es así como se moviliza a un pueblo.

Esto, que no pasaría de ser una batallita de barrio barcelonés, es hoy, sin embargo, un síntoma de época. La época en que la universidad se convirtió en una fábrica. Retomo la expresión de un texto de Hito Steyerl en el que se plantea por qué los museos de arte contemporáneo ocupan en la actualidad antiguos edificios de fábricas y si acaso ocurre que también el museo lo sea. La fábrica, el museo y la universidad comparten hoy, ahora que apenas quedan fábricas en Europa porque las hemos deslocalizado colonización mediante, muchos rasgos: el precariado (de las mujeres de la limpieza a los estudiantes y el profesorado), el espacio de la producción de saber como espacio de explotación y la capacidad para organizar a la multitud sin sermonear, por la mera aplicación de los protocolos y la burocracia sistémica. La universidad es hoy una fábrica que produce *papers* en inglés, expele títulos que debemos acumular, sin que auguren profesionalización alguna, proporciona entretenimiento intelectual por un módico precio a jubilados pudientes, externaliza servicios y capta capital. El malestar está asegurado. Y quien extrae el rédito del malestar, no nos equivoquemos, es el fascismo, siempre capaz de leer y reorientar hacia la unidad indivisible de sus consignas, el desasosiego que nos acecha. Aun si en Cataluña, y especialmente en las Facultades de Filosofía e Historia, estamos convencidos de que «no pasarán», no es menor por ello la desolación de los fabricantes de *papers*. El sueño del emprendedor cognitivo que vino a sustituir al burgués culto y cabal, esos señoros tan elegantes que leían a Goethe en alemán y se tiraban a las alumnas, es a día de hoy la pesadilla de un eterno aspirante a plaza que no tiene tiempo para leer nada que no pueda rentabilizar. La universidad patriarcal, feudal en sus modos de promoción y burguesa en su composición social y de producción del saber androcentrado, está en vías de desaparición. Pero lo que ha venido a sustituirla no es mucho mejor. Esa venerable y casposa institución es ahora una fábrica que aspira a empresa, una factoría de precariedad, desigualdad y autoexplotación que no satisface ni a los que se ven en la obligación de defenderla. Que el «No pasarán» no nos enturbie el principio de realidad. El malestar existe y es evidente. La cuestión es quién lo va a capitalizar.

LA UNIVERSIDAD SIN CONDICIÓN

No es casual que haya sido en las Facultades de Filosofía y Geografía e Historia donde se decidió no dejar pasar a los fascistas. Dicha «asociación patriótica» disfruta, por el contrario, de un 25 % de votos en las elecciones de la Junta de Facultad de Económicas de la misma universidad. Llámenlo casualidad. En sus declaraciones dicen que la izquierda gobierna la Universidad de Barcelona, cosa que, de ser cierta, sería, sin duda, toda una novedad. ¡Benditos!

Ocurre, en realidad, que las Facultades de Filosofía y Geografía e Historia, y algunas otras que se enmarcan en lo que en algún momento se llamó Humanidades, son todavía de los pocos lugares donde se cuestionan la historia y las lógicas de esta fábrica-empresa presta a insertarse en las lógicas del capital, que hoy se camuflan bajo el eufemismo de la excelencia. Fue nada menos que Kant, de otra parte, un pensador poco inclinado a la subversión, quien, en *El conflicto de las Facultades*[2], planteó la necesidad de preservar la autonomía de dichas Facultades. Mientras el resto se

---

[2] Immanuel Kant, *El conflicto de las Facultades*, Madrid, Alianza, 2020.

consagran a generar saber o saber-hacer y transmitirlo, la Facultad de Filosofía (en la que Kant incluye la ciencia histórica) se ocupa de lo que ese saber sea. Lo que sea el saber, la verdad, el conocimiento, no es algo que venga dado sin más, sino que está por siempre abierto a la discusión, la disputa y el cuestionamiento. Normal que el fascismo, que siempre está seguro de su verdad, no corra fácilmente por las venas de estas facultades. Aunque, tal como van las cosas, no es seguro que lo peor no pueda ocurrir.

En un texto de 2001, Derrida, siguiendo a Kant, defiende la incondicionalidad de la universidad como la de la propia deconstrucción que profesa. En *La universidad sin condición* se plantea incluso la posibilidad de cuestionar dicha autonomía universitaria, que no deja de implicar cierta soberanía, y de hacerlo en nombre de la incondicionalidad. Que este espacio exista, que la universidad no sea simplemente una fábrica de saber, sino el lugar donde se cuestione de dónde proviene ese saber, a qué fines sirve, bajo qué lógicas económicas, históricas y políticas ha sido producido, es lo que garantiza que una sociedad pueda pensarse a sí misma y decidir de qué modo quiere vivir. En este sentido, la universidad es quizá la única institución donde es posible estudiar, investigar, analizar y poner en cuestión la institución. No sólo la propia universidad, sino todas las instituciones que, como bien supo ver Foucault, conforman nuestros modos de vida y constituyen nuestra subjetividad, empezando por el Estado, la escuela, el hospital, la fábrica, y acabando por la familia. De ahí que haya sido en la universidad donde han florecido discursos y teorías *queer*, feminismos de diverso cuño y perspectivas decoloniales[3]

---

[3] La puesta en cuestión del discurso universitario desde perspectivas feministas y decoloniales ha dado lugar a innumerable bibliografía, entre la que cabe destacar: Carolina Meloni, *La instancia subversiva. Decir lo femenino, ¿es posible?*, Madrid, Akal, 2025; Fina Birulés, *Entreactos. En torno a la política, el feminismo y el pensamiento*, Buenos Aires, Katz, 2017; Catherine Malabou, *Changer de différence. Le feminin et la question philosophique*, París, Galilée, 2009; Achille Mbembe, *Crítica de la razón negra*, Barcelona, NED, 2016; Nicole Loraux, *La Grèce au féminin*, París, Les Belles Lettres, 2014; Ana

que disputan, precisamente, el discurso universitario andro- y eurocentrado, pero que no lo hacen sin cuestionar, al mismo tiempo, las instituciones en su totalidad, empezando, esta vez, por la institución del género y de la raza. A los marxistas clásicos, aferrados a la noción de «clase» como instancia crítica, que habían alcanzado su cuota de incondicionalidad soberana, sin duda estos discursos les han rechinado. Es difícil abrazar la crítica a la institución patriarcal y, a la vez, tirarse a las alumnas. En esto se asemejan a los profesores burgueses de antaño, si es que acaso no sean los mismos con diferentes máscaras, aunque ya no lean a Goethe en alemán.

Es en virtud de su incondicionalidad que la universidad es objeto de diversas furias apropiadoras. Instancias económicas y políticas quisieran concluir con esta posibilidad, la de cuestionar la institución, la economía y la política. El derecho a decirlo todo, y a decirlo públicamente, el derecho a decir la verdad a la cual se llega a través de una investigación, el derecho a investigar la verdad misma, su concepto, su posibilidad y sus condiciones de aparición, pone en jaque a los que necesitan imponer su verdad única y autoevidente, es decir, a los fascistas, que lo son aunque no porten banderas españolas y no se presenten como tales. Si, como afirma Derrida, la democracia es el único sistema abierto en el que se garantiza el derecho a criticarlo todo públicamente, incluida la propia democracia, su concepto, incluso su paradigma constitucional y la autoridad del derecho, si lo que define la democracia es, en definitiva, el derecho a poner en cuestión el derecho, entonces cualquier intento de eliminar este derecho, sea por la vía de la autoridad represiva, sea por la vía de la colonización económica de ese espacio de cuestionamiento, es totalitario y fascista. Por este mismo motivo la universidad, la institución donde la ins-

---

Castillo y Cherríe Moraga (eds.), *Esta puente, mi espalda. Voces de mujeres tercermundistas en Estados Unidos*, Concord, ISM Press, 1988; Yásnaya Aguilar, Gloria Anzaldúa y Ruperta Bautista, *Lo lingüístico es político*, Chiapas, Ona Ed., 2002, entre otras.

titución es puesta en cuestión, es la garantía de la democracia, y convertirla en una fábrica es una forma de abolirla.

UNA FÁBRICA SOCIAL EXPANDIDA

Hay al menos dos maneras de acabar con la universidad, con su incondicionalidad y, por lo tanto, con la democracia. Y no son excluyentes. Una es promover la creación de universidades privadas cuya única vocación es ser fábrica de *papers*, de clientes-graduados, de captación de capital empresarial, incluso de subvenciones y proyectos, ya que, como los bancos en 2008, la empresa privada, también la educativa, no hace ascos al dinero público. En ellas, el derecho a poner en cuestión el derecho y la lógica del capital, que el derecho vigente garantiza, está de más, a menos que se demuestre que un tal ejercicio democrático resulta rentable. Este modo de acabar con la universidad mediante la autorización y promoción de empresas privadas que expenden grados, debe complementarse con políticas de infrafinanciación de las universidades públicas, a fin de culminar el crimen perfecto. Con ello, no sólo se fractura la sociedad, dejando a las clases trabajadoras una universidad pública sin recursos, sino que se impide el ejercicio democrático de la investigación de la verdad. El resultado es, por lo tanto, autoritarismo y clasismo. Este parece ser el modelo por el que opta a día de hoy la Comunidad de Madrid y que encontrará en países como Chile su figura acabada, justo la que dio lugar al estallido social de 2019.

El otro modelo es el catalán, que es un pelín más perverso, pero también más educado y digerible, al modo de su burguesía poco proclive a la ostentación, pero no por ello menos clasista y letal. Aun si en Catalunya hay cinco universidades privadas frente a las siete públicas, y no se permiten más, el truco de magia consiste en privatizar la universidad pública. ¿Que «cómo se consigue eso»? Pues bien, precisamente porque no olvidamos ni perdonamos, y para garantizar que la universidad catalana no fuera un feudo español y la enseñanza se impartiese en catalán, cosa que es completamente legítima y, para garantizarlo, bastaba con una acreditación lingüística, se creó una agencia de acreditación de profesorado y de investigación paralela a la estatal. Y ríanse ustedes de los criterios de la ANECA comparados con los del AQU, porque aquí hay que ser más internacionales y americanizados que nadie, y la investigación debe hacerse en inglés. ¿El resultado? Muy sencillo. Se llama colonización. La Generalitat de Catalunya financia por completo, por ejemplo, un cuerpo de investigadores ICREA dedicados exclusivamente a la investigación y sin obligaciones docentes, con un currículum de excelencia. No sorprenderá comprobar el elevado porcentaje de investigadores extranjeros que, por supuesto, no hablan catalán y a duras penas español. El resto son investigadores nacionales que han desarrollado sus carreras en el extranjero y que importan con ellos sus métodos neoliberales de investigación.

Lo mismo sucede con las plazas «Serra Hunter» de profesorado ayudante doctor, contratado doctor y catedrático, otra ingeniosa invención fruto de la imaginación radical a la que las universidades catalanas no pueden renunciar, ya que la mitad del sueldo de estos profesores lo paga la Generalitat. Condiciones golosas para cualquier infrafinanciada universidad pública. Es extraño que en el resto de España no les hayan copiado la idea, aunque las plazas «Ramón y Cajal» se asemejen bastante. Por si acaso, traten de no difundir. El efecto, obviamente, es que muchos de estos profesores tampoco hablan catalán, a menudo apenas castellano, pero, como impartir clases en inglés es uno de los requisitos para la acreditación de los grados, se resuelve la cuestión de un plumazo. Además, el objetivo de estas plazas de investigación, tanto como el de las de profesorado, no es en absoluto mejorar la docencia, sino disponer de empleados universitarios acostumbrados a atraer financiación de los proyectos europeos y a costear, por lo tanto, la propia universidad en la que se insertan, cual voraces captadores de capital. Es a eso a lo que se llama excelencia. Además, estos hiperproductivos fabricadores de *papers* y líderes empresariales vienen a desplazar a los profesores asociados indígenas, por decirlo de algún modo, que durante años han estado cubriendo la docencia por cuatrocientos euros mensuales, pero que en el momento de optar a las plazas no pueden competir con los currículos internacionales y ultraglamurosos de sus rivales capitalistas. Dudo que en ninguna empresa privada ocurra algo semejante, pero la universidad catalana es, también en esto, excepcional, ya que cuenta con el porcentaje más alto de profesores asociados de toda España (34%). La cuadratura del círculo ocurre cuando uno de estos superinvestigadores se atreve a preguntar en una reunión informativa sobre proyectos europeos si, en caso de ganar un ERC[4], podría subcontratar a alguien (por supuesto, un asociado) para que le cubra la docencia. ¡Juro que es verdad! Fui testigo. Que, bajo este sistema de productividad neoliberal, a nadie le importen la enseñanza, ni el idioma en que se imparte, ni el cuestionamiento de la verdad, es el triunfo de una clase burguesa catalana, formada en universidades norteamericanas, que, cual mesiánicos políticos reformadores, decidió un buen día que la universidad debía ser una fábrica. En concreto, «su» fábrica, a falta de industria textil y esclavos negros con los que traficar.

«TOMORROW BELONGS TO ME»

En este contexto, no es de extrañar que tanto los estudiantes fascistas como los marxistas se reclamen representantes de la clase obrera. Ambos se disputan la representación del malestar que la universidad neoliberal acarrea. La diferencia es que los fascistas han encontrado una categoría, cual alumnos aventajados de Laclau y contra él, para aglutinar en un mismo bando a las institucio-

---

[4] ERC es un programa europeo que proporciona financiación a largo plazo a investigadores de excelencia, según los estándares de las agencias de evaluación europeas, que se rige por el criterio alto-riesgo/alto-beneficio. Pertenece al programa Horizon Europe [https://erc.europa.eu/homepage].

nes vigentes y a sus críticos internos. La categoría mágica que todo lo comprime y explica es *woke*. En un giro performático a la altura de la teoría *queer*, que retoma como categoría propia lo que antes había sido un insulto, los nuevos fascismos operan el ejercicio contrario, el de invertir una categoría de origen emancipadora para convertirla en insulto. *Woke* designa ahora a los institucionalistas que defienden sus privilegios, en este caso los universitarios, a los críticos de la institución, entre los que se encuentran los feminismos, los discursos decoloniales, los antirracistas, pero también se refiere a la universidad neoliberal que ha adoptado estos discursos, en una clara estrategia de *pink washing*, al precio de desactivar todo su potencial político. En un contexto económico posfordista que genera precariedad laboral, autoexplotación, imposibilidad de pagar la vivienda, cuestión que afecta en especial a los estudiantes, con altos costos de matrícula, obligación de formación permanente y acumulación de títulos, con altos índices de malestar mental y de suicidio entre los jóvenes, quien encuentre la categoría mágica que designe al enemigo culpable tiene las de ganar. Y así ha sido. *Wokes* son los judíos de la etapa posfordista del capital contra los que una clase obrera, y no tan obrera, fascistizada debe batallar. Así ocurre también en la universidad y contra ella, porque la subida de los precios de matrícula, a la que cabe añadir la preselección que se opera en secundaria entre los institutos públicos y los concertados o privados, ha dejado a muchos jóvenes fuera de la educación superior. Normal, entonces, el antiintelectualismo que se profesa contra una universidad pública que de pública tiene cada vez menos y cuyo déficit de plazas eleva hasta el imposible la nota de corte de los grados más demandados, favoreciendo de este modo a los alumnos de las escuelas concertadas y privadas.

¿Cómo ha sido esto posible? No nos hagamos los ingenuos. Hay responsables con nombres y apellidos. En un desafortunado texto, «Salir del Castillo de los Vampiros»[5], Fisher arremetía con-

---

[5] Mark Fisher, «Salir del Castillo de los Vampiros», en *K-Punk. Vol. 3*, Buenos Aires, Caja Negra, 2021.

tra los feminismos que, según él, en su deseo identitario, condenatorio y punitivista, amenazaban con acabar con la tradicional lucha de clases al poner entre las cuerdas mediáticas a sus líderes naturales. Vamos, lo que hoy se denomina, no sin encarnar la tendencia más políticamente retrógrada, «cultura de la cancelación». ¡Ay, las etiquetas! Se supone que lo de personificar el resentimiento vale para los cuerpos feminizados pero no para la clase obrera, que, suponiendo que fueran distintos, es alegre, afirmativa y goza por doquier. No deja de ser curioso que tanto las derechas más fascistoides como las izquierdas aspirantes a gobernar tengan los mismos enemigos y que sean tan miopes como las doncellas sedientas de amor a la hora de identificar a los vampiros. A la metáfora de Fisher se le olvida un tropo conocidísimo de los cuentos góticos, y es que los vampiros no pueden entrar en casa alguna sin invitación previa. Y así ha sido. Si las instituciones públicas han dejado de ser lo que eran, si la universidad se ha convertido en una fábrica y, como el mismo Fisher analizó perfectísimamente en *Realismo capitalista*, la gestión empresarial y la burocratización han hecho presa de ella, ha sido a través de los gobiernos de la propia institución, fuesen de derechas o de izquierdas. El neoliberalismo ha sido invitado a entrar en la universidad. Explícitamente. Ha sido necesario legislar, promulgar leyes que permitiesen la privatización, ha sido necesario modificar los estatutos universitarios para que las empresas privadas pudiesen intervenir la educación. Y han sido doncellas con nombres y apellidos las que han agasajado a sus convidados. Que levanten la mano los representantes que no hayan votado cada una de estas modificaciones estatuarias y legislativas, a menos que prefieran alzar el brazo.

Si el artículo de Fisher no podía ser más desacertado, a pesar de los valiosísimos análisis culturales de la era posfordista que le debemos, es porque el único movimiento que ha cuestionado, a la vez y sin concesión, la universidad burguesa-patriarcal y la universidad precarizada-neoliberal en la que estamos inmersos, ha sido el feminismo y sus derivas antiidentitarias (de ahí la crítica radical al binarismo) y antiinstitucionalistas (de ahí la crítica al feminismo blanco liberal). Y si esto ha sido posible es porque, a pesar de todo, en las grietas del sistema universitario y más allá de su *pink washing* que nada cambia, la crítica incondicional, a la que apelaban Kant y Derrida, es aún posible. Mientras las izquierdas siguen llorando sus futuros perdidos y los fascistas claman «Tomorrow belongs to me», los feminismos luchan, aquí y ahora, sin utopías futuristas ni disciplina de partido, por habitar una institución en la que el análisis, la crítica y la puesta en cuestión de la propia institución sean posibles. Como bien sabía Benjamin, son las revoluciones a medias, los reformismos socialdemócratas, los que hacen triunfar los fascismos, que prometen cambios estructurales justo allí donde los demócratas parlamentarios no se atrevieron o se vendieron. También a estos vampiros que levantan el brazo los habéis invitado. De nosotras depende, entonces, a pesar de los *mansplaining* que vienen a explicarnos en qué consiste la verdadera lucha de clases y a aconsejarnos que nos portemos bien con los compañeros por machirulos que sean, la posibilidad de una universidad para el 99% en la que los estudiantes patrióticos y no menos machirulos, como en las facultades de la UB del Raval, se queden al otro lado de sus puertas.

No hay afuera del castillo de los vampiros. No hay afuera de la fábrica. Estamos en ella y esta es nuestra lucha. «Tomorrow» será otro día.

CAPÍTULO VIII

Los efectos de la infrafinanciación en la universidad pública madrileña: el último golpe de gracia a una docencia e investigación en crisis endémica

NURIA SÁNCHEZ MADRID Y PABLO LÓPEZ ÁLVAREZ

Como docentes de la Facultad de Filosofía de la Universidad Complutense de Madrid (UCM) desde hace décadas, no somos conscientes de haber conocido la universidad pública madrileña al margen de sus múltiples periodos de crisis endémica. El término *crisis*, naturalmente, es un término poliédrico, que en realidad se refiere a deficiencias estructurales que ninguno de los Gobiernos del periodo democrático en un país como España ha sabido o querido abordar, abandonando las estructuras universitarias públicas a una inercia desigual según los territorios, inercias que desde hace más de veinticinco años se han visto acentuadas en el caso de la Comunidad de Madrid por una sospecha constante sobre la «misión de la universidad» en la actualidad. Son muchos los síntomas que señalan que el espacio madrileño de educación superior debe lidiar, en el momento presente, con amenazas de tal calibre que podrían hacer saltar por los aires no sólo las promesas de ascensor social de esta institución, sino los mismos ritmos y condiciones materiales de estudio e intercambio científico que le han dado sentido. Precisamente, en virtud de la complejidad de los fenómenos que de manera interseccional han dañado la red universitaria pública en la Comunidad de Madrid, nos parece de cierta utilidad reflejar en las páginas siguientes algunas de las dificultades y obstáculos que quienes impartimos docencia e investigamos en este eje territorial y en este sector laboral hemos sufrido y detectado en primera persona y en conversación con otros colegas, poniéndonos también en el lugar del personal investigador en formación y del estudiantado con los que convivimos cada curso e intercambiamos nuestras experiencias. En buena parte, nos guiará la inquietud por evidenciar las condiciones materiales, tantas veces obviadas, imprescindibles para el desempeño óptimo de una docencia y una investigación universitarias capaces de retroalimentarse y de articular un horizonte sostenible de relevo generacional.

DISPUTAR LA DEFENSA DE LA UNIVERSIDAD PÚBLICA

Por de pronto, la movilización universitaria madrileña se ha caracterizado en las últimas décadas no tanto por la carga de certeza o no de sus contundentes mensajes –la conservación del modelo de universidad *à la Humboldt*, el rechazo plenario de alternativas pedagógicas a la clase magistral o la gratuidad de la enseñanza pública en todos sus niveles–, sino por no haber priorizado el examen de las prácticas reales en las que se forma y socializa en la academia el personal docente e investigador. En efecto, en ausencia de este último debate, aquellos mensajes, por muy cargados de razón que se encuentren, bien podrían reducirse a *flatus vocis*. Quienes vivimos en primera línea la primera reacción que parte del personal docente e investigador mostró frente a los cambios sustantivos al modelo de enseñanza y evaluación de la investigación promovidos por el llamado plan Bolonia, allá por los primeros años 2000, guardamos la memoria aún fresca de las contradicciones flagrantes que debilitaron desde su nacimiento a aquella plataforma minoritaria de los cuadros docentes e investigadores, con una presencia mayoritaria de personal de la UCM[1]. Por comenzar mencionando un punto central, la gran mayoría de las demandas en aquel momento se centraron en enarbolar imágenes ideales de algunos de los modelos de docencia dominantes en

---

[1] Carlos Fernández Liria y Clara Serrano, *El plan Bolonia*, Madrid, Catarata, 2009.

aquellos años en la universidad pública madrileña, concretamente en la Complutense. Algunas voces llegaron a decir que la sociedad debía permanecer callada ante las exigencias y necesidades materiales de la universidad pública, al estimar que, siguiendo la estela de Sócrates –sin mayores contextualizaciones históricas o matizar siquiera el anacronismo–, esa sociedad –necia y carne de cañón de un capitalismo asilvestrado– no tenía la menor idea de las cuestiones y los temas dignos de estudio superior ni tampoco de los tiempos con los que resulta imperioso investigar sobre las *Disputas metafísicas* de Francisco Suárez o las *Investigaciones lógicas* de Edmund Husserl, obras, por otro lado, injustamente descatalogadas en el actual mercado editorial en castellano.

Utilizando imágenes inspiradas en la arcaica división social del trabajo, con la que tan cómodos se sintieron autores como Martin Heidegger, se abogaba por imponer, por ejemplo, a la población madrileña actual una suerte de actualización 5.0 de la partición en *bellatores*, *oratores et laboratores*, para finalmente abanderar básicamente la conservación de una carcasa de obsoletos privilegios de la clase intelectual que ninguna sociedad cabal estaría dispuesta a admitir. ¿Qué conceptos y prácticas de emancipación podían enarbolar quienes aspiraban a mantener una posición privilegiada y ajena a los problemas acuciantes para el resto de los demás grupos sociales? ¿No era más esperable que tal posición fomentara más bien una panoplia de formas de dominación intra- e intergeneracional que la academia filosófica española sigue exponiendo como una de sus principales lacras? ¿No es acaso la práctica de la filosofía en la universidad pública una actividad laboral merecedora de ser democratizada, en lugar de seguir absorbiendo prioritariamente a los hijos e hijas de las elites? Estas preguntas precisan ser abordadas si se tiene la intención de reivindicar la financiación y los cambios estructurales que la universidad pública necesita en el presente, sin dejar de mirar a su futuro con ambición de sostenibilidad.

La virulencia con que ciertos grupos de profesorado y estudiantado cautivo en busca del arca perdida de la universidad ideal no han dejado de acusar *ad intra* a quienes, como los firmantes del presente capítulo, nos ocupamos de filosofía social, pero también de historia conceptual, de teoría de la cultura o de estética contemporánea, por haber traicionado presuntamente el contenido y método tradicionales en la docencia y la investigación filosóficas, da cuenta de la desorientación que con frecuencia sufren los propios espacios universitarios, incapaces de comprender dónde yacen las auténticas causas de sus principales problemas, al menos antes de que sea demasiado tarde para hacerles frente. Ciertos aires de cruzada han evidenciado asimismo una lamentable ignorancia con respecto al espíritu dinámico y flexible que pensadores patrios como Unamuno y Ortega y Gasset desearon siempre para el entorno universitario, justamente para que dejara de ser una torre de marfil de inequívoco origen eclesial. En el caso de la filosofía social, a pesar de tratarse de un enfoque metodológico y conceptual dotado de más de cien años de historia, en la medida en que asume propuestas ya enunciadas en su momento por voces tan variopintas como Max Weber, Ortega y Gasset, Rosa Luxemburg, György Lukács, Walter Benjamin, Hannah Arendt, Max Horkheimer, Theodor Adorno, Michel Foucault o Jacques Rancière, las dificultades para impartir docencia en este ámbito y, sobre todo, la falta de reconocimiento hacia el mismo por quienes se consideran ajenos a la historia de la filosofía –por dedicarse presuntamente al cultivo de una filosofía perenne– vuelven muy difícil el diálogo y la colaboración que serían imprescindibles para que el tejido humano de la universidad pública madrileña se movilizara de manera unánime frente a una falta de financiación y reconocimiento que lleva demasiado tiempo incapacitándola para alcanzar sus objetivos.

En efecto, resulta muy difícil conversar productivamente con quienes consideran –una provocación desde propuestas como las de Ortega ya en los años treinta del siglo xx– que la filosofía no tiene *historia*, sino más bien *jerga*, de suerte que la única operatividad reservada a los ahora estudiantes consista en potenciar la habilidad para acumular terminología y mostrar destreza en el manejo de tecnicismos divorciados de cualquier versión apta para no iniciados. Por el contrario, la universidad pública madrileña cuenta hoy día con una mayoría de docentes e investigadores –y queremos creer que también de estudiantes– que entienden el discurso filosófico –y, por tanto, su enseñanza– como un acontecer histórico que no debe vivir de espaldas a la sociedad, sino –en la línea de la crítica de Ortega a todo rancio escolasticismo– esforzarse por transmitir a la sociedad lo que está en juego si dejamos en manos de dispositivos y procesos impersonales las decisiones fundamentales sobre el marco social de nuestra existencia[2]. A grandes rasgos, el programa intelectual del Departamento de Filosofía y Sociedad de la UCM, en el que tanta huella ha dejado la presencia inspiradora y ejemplar de profesores e investigadores como José Luis Villacañas, ha convertido la reconstrucción de la relación entre universidad pública, espacio social y ciudadanía en una de sus señas de identidad, situando una divulgación cuidada en un lugar imprescindible del quehacer académico actual, en colaboración con entidades de excelencia en el ámbito de la gestión cultural como el Círculo de Bellas Artes, el Institut Français, el Goethe Institut o el Ateneo de Madrid.

Tales iniciativas no se han abordado con el objetivo de dar a la sociedad lo que esta ha reclamado siempre como compensación por su propia explotación –*panem et circenses*–, sino, por el contrario, para entregarle recursos y herramientas que le permitan liberarse de lo que con frecuencia es su segunda piel, a saber, prácticas de dominación y opresión que identifica con el esfuerzo y el rendimiento. Más allá de la conexión que el tejido universitario debe generar con su medioambiente social, la vocación de la docencia e investigación en filosofía no puede acomodarse a una suerte de «filología para iniciados» –que ofendería a los verdaderos filólogos–, donde Heidegger daría lecciones a Saussure, sino más bien reivindicar su *función crítica*, esto es, su voluntad de ser convocada

---

[2] José Luis Moreno Pestaña, *La norma de la filosofía. La configuración del patrón filosófico español tras la Guerra Civil*, Madrid, Biblioteca Nueva, 2013.

a todos los espacios deliberativos en los que se discuta la distribución de cargas y beneficios que la sociedad considera deseable para continuar una senda de progreso, integración y apoyo a los grupos más vulnerables[3]. De esa manera, la propia historia de la filosofía se verá enriquecida por enfoques que revisan la configuración del canon desde agentes eclipsados históricamente como las mujeres, los cuerpos disidentes y los grupos perseguidos y vulnerables a lo largo de los tiempos por dispositivos cambiantes que van desde el imperialismo al colonialismo, pasando por la Inquisición española. No perdemos la esperanza de regenerar los cauces deseables de comunicación con quienes se posicionaron en contra de la presunta reforma de las titulaciones universitarias tras el informe Bricall (2000) y la aprobación de la LOU siendo ministra de Educación, Cultura y Deporte Pilar del Castillo desde perspectivas sobre la universidad pública ancladas en un pasado idealizado. Pero, mientras tanto, es urgente adoptar una óptica que nos parece más consciente de los flancos débiles y tareas pendientes de la universidad pública madrileña, para examinar algunas de las principales causas que la amenazan hoy más que nunca, y plantear los necesarios diagnósticos.

LA DOCENCIA EN LA UNIVERSIDAD PÚBLICA MADRILEÑA HOY: DISTRIBUCIÓN DE RECURSOS Y RECONOCIMIENTO DE UNA ACTIVIDAD MULTIDIMENSIONAL

Como ha señalado repetidas veces una pensadora como Nancy Fraser[4], su célebre debate con Axel Honneth no podría entenderse de manera cabal sin plantear con la suficiente claridad que toda distribución de recursos se realiza partiendo de un reconocimien-

---

[3] Max Horkheimer, *Teoría crítica*, trad. de Edgardo Albizu, Buenos Aires/Madrid, Amorrortu, 2003.
[4] Nancy Fraser, *Fortunas del feminismo*, trad. Cristiña Piña Aldao, Madrid, Traficantes de Sueños, 2015.

to de prioridades. Sin lugar a duda, en la universidad pública actual *la impartición de docencia representa una tarea tendencialmente devaluada*, a pesar del papel central que desempeña en cualquier centro de enseñanza superior. A nuestro entender, son varios los factores que han conducido a esta situación. En primer lugar, las sucesivas transformaciones, aparentemente asistidas por motivos pedagógicos, de la enseñanza universitaria han deparado su fragmentación temporal y la disociación creciente entre los contenidos impartidos al alumnado y la investigación que los docentes desarrollan al tiempo que imparten docencia. Con ello, se ha producido un empobrecimiento de los contenidos que resulta hacedero introducir en programas de asignaturas que apenas duran algo más de tres meses, lo que simultáneamente ha duplicado los procesos de evaluación de los estudiantes y acentuado la ansiedad por no poder estudiar con provecho en ningún momento del curso. En efecto, son numerosos los estudiantes que identifican las pautas de docencia universitaria con patrones de aceleración propios de los modelos de enseñanza no superior implantados en nuestro territorio, sin que hayan devuelto nunca el retorno esperado en rendimiento escolar. Los problemas asociados a este elemento de aceleración temporal precisan ser abordados de manera apropiada, por de pronto, por la Consejería de Educación, Ciencia y Universidades de la Comunidad de Madrid, para lo que resulta imprescindible dejar de considerar que el/la docente trabaja de manera visible exclusivamente en lo que marca su horario docente. Por el contrario, la función docente, que también lo es tutorial y de mentoría en el caso de los estudios universitarios, requiere ver reconocida la integridad de horas dedicadas a la orientación del alumnado, a la innovación docente y a la introducción de los estudiantes en tareas de investigación, que desemboca en los cursos de doctorado, que llevan décadas, por ejemplo, sin contar como docencia regular en los planes de dedicación docente de la UCM.

Más allá de la falta de reconocimiento de la actividad docente como la parte visible de una multiplicidad de tareas interrelacionadas, es menester enfocar, en segundo lugar, el hecho de que, en el contexto de la crisis de 2008, *las tasas universitarias públicas se vieron elevadas de manera sustancial*, especialmente en el nivel de los estudios de máster, sin que ningún Gobierno de la Comunidad de Madrid haya decidido recuperar los precios vigentes antes de semejante subida, en principio adoptada por una situación crítica que actualmente no se compadece con el discurso triunfalista sobre el potencial y el tejido económico existentes en este territorio. La subida de tasas asestó un golpe muy significativo a los grupos de población deseosos de acceder a la universidad pública, que se vieron imposibilitados para seguir estudios universitarios por falta de recursos y escasez de becas, dado que las ayudas existentes se encuentran vinculadas a expedientes académicos excelentes, que generalmente no suelen alcanzar estudiantes procedentes de contextos familiares y sociales vulnerables. Resulta toda una declaración de intenciones el hecho de que el Gobierno de la Comunidad de Madrid haya convertido la «excelencia» en un marchamo aparentemente biensonante, pero encargado de encubrir su falta de disposición para dotar al territorio que gobierna de políticas públicas en condiciones de sostener al alumnado menos preparado y más necesitado de soporte para acceder a los estudios universitarios. Sin esa hoja de ruta, la «excelencia» se convierte en una mera foto fija de la distribución de renta en la población madrileña, sin ofrecer la mínima redistribución necesaria para hacer de los estudios superiores un servicio público dotado de la necesaria difusión.

Un tercer factor a tener muy en cuenta como efecto de la infrafinanciación y reformas alentadas por la Comunidad de Madrid –aunque no sólo, pues normativas a nivel nacional avanzan en la misma línea– fomenta *la desconexión de la docencia universitaria de la investigación desarrollada en el espacio de grupos y proyectos en el tejido universitario público*. Sólo así se entiende la prolongada explotación de la figura del profesor asociado, que la Ley LOSU, de implantación nacional, ha evacuado de cualquier posibilidad de pertenencia a grupos y proyectos de investigación que garanticen a este tipo de profesorado la posibilidad de desarrollar una carrera investigadora. Semejante decisión sólo puede tomarse desde la convicción de que la docencia universitaria precisa de un profesorado sin actividad investigadora, lo que propina un duro golpe a la línea de flotación de la idea de una universidad pública de excelencia.

Un cuarto factor que afecta a la docencia en la universidad pública del presente entronca con la «masificación» de las aulas, que, como fenómeno sociológico, pertenece ya al pasado. Ciertamente, las universidades han mermado sistemáticamente el acceso de numerosos estudiantes de la mano de pruebas de acceso que parten de un número de plazas limitado. A nadie se le escapa que algunas de las universidades privadas establecidas en la Comunidad de Madrid, algunas de ellas antiguos centros asociados de la UCM, conocían bien esta circunstancia antes de diseñar su proyecto empresarial. En efecto, han estabilizado su profesorado y estructuras gracias a la elevada demanda de estudiantes residentes en este territorio, especialmente de aquellos dotados de los recursos que les permitieran costear unas tasas de matrícula sustanciosas, teniendo en cuenta la renta media en el mismo. Consideramos que, en este punto, la universidad pública debería intentar modificar los términos del debate con las administraciones públicas. Dejando a un lado el incremento de población interesada en la formación e inserción laboral ofrecidas por los estudios de Formación Profesional, sería perentorio solicitar a la administración autonómica la inversión necesaria para aumentar los cuadros docentes de la universidad pública, de suerte que resultara posible ofertar más grupos cada curso.

Las decisiones políticas que se están adoptando en la actualidad con relación al modelo universitario madrileño van a seguir condicionando de una manera desventajosa el ejercicio de la docencia en la universidad. Como ya se ha destacado en otros capítulos de este libro, la falta de recursos limita severamente la realización de actividades docentes que supongan costes adicionales, como salidas o prácticas, con una repercusión inmediata en el mantenimiento de las instalaciones e infraestructuras, así como en la restricción de los gastos en equipamiento y biblioteca: adquisición de libros, bases de datos o suscripciones. Desde el punto de vista del personal docente, las limitaciones presupuestarias retrasan o bloquean los procesos de estabilización del profesorado, obligado a mantenerse hasta un momento avanzado de su carrera en condiciones de trabajo no permanente y precarizado.

Ello implica la perpetuación de situaciones de dependencia académica, en las que la posibilidad de desarrollar un programa docente propio, vinculado a la investigación y a las líneas de especialización, se ve gravemente obstaculizada. El profesorado se ve forzado a asumir elevadas cargas docentes, que deben compatibilizarse con el desarrollo de carreras investigadoras sólidas que permitan la estabilización. En estas condiciones, la capacidad de los profesores para participar en las decisiones en torno a la actividad docente, su organización y su calidad se reduce de manera radical.

Al mismo tiempo, la realización de tareas de gestión y administración –desempeño de cargos académicos, coordinación de titulaciones de grado y máster, responsables de prácticas o intercambio, participación en comisiones y órganos de representación– es exigida de una manera creciente al profesorado como parte de su acreditación universitaria: los recortes económicos llevarán a los profesores a realizar estas tareas sin que ello implique reducción de su docencia, lo que acentuará la sobrecarga de trabajo y favorecerá su asignación a personal no estabilizado, con necesidad de incrementar sus méritos académicos. Estas condiciones de dedicación laboral y de retraso en la estabilización poseen consecuencias obvias en un plano fundamental: la desigualdad de género y la restricción de la incorporación de las mujeres al profesorado permanente y a los niveles más elevados de la gestión universitaria. Las medidas de promoción de la paridad y la igualdad carecerán de efectividad mientras no se actúe sobre este plexo de condiciones materiales.

Todo ello sirve para indicar las profundas consecuencias de lo que la jerga dominante presenta como racionalización del gasto y aumento de la eficacia. La restricción de las plazas docentes conduce igualmente a un estrechamiento de las materias y las líneas de enseñanza que la universidad puede ofrecer. En una situación de «crisis» que se vuelve crónica, se recomienda a las facultades y centros que supriman las asignaturas con menores tasas de matrícula, eliminando materias optativas y títulos con demanda reducida, aunque se trate de estudios de alta significación y sin alternativa en nuestro ámbito universitario. El imperativo de la viabilidad económica hace que estos efectos sobre la enseñanza y el conocimiento se consideren menores, como dimensiones superfluas en relación con la utilidad social real de la universidad. Lo decisivo es que la universidad esté en condición de responder a las demandas del mercado de trabajo de una manera ágil y adaptativa, a través de programas de formación que contribuyan al incremento del capital humano y del crecimiento económico general de un territorio. La capacidad de atracción de estudiantado nacional e internacional se vuelve un elemento determinante, de importancia vital para el mantenimiento de la institución, lo que influye en la organización y orientación de las actividades docentes universitarias. La infrafinanciación de la universidad pública no sólo limita su capacidad para incorporar estudiantes de diferentes clases, sino que igualmente la somete a las exigencias propias de la competencia por la clientela en un mercado de productos formativos enormemente liberalizado y diversificado.

La mirada de las autoridades políticas y académicas sobre la docencia universitaria parece mantenerse en este equilibrio: si la enseñanza superior es vista como un factor fundamental en la modernización de los mercados de trabajo y el incremento del capital humano de la población, al mismo tiempo se asume que el mantenimiento de la «calidad» de la enseñanza no requiere en realidad de esfuerzos adicionales ni de compromisos estables de financiación: se trata más bien de mejorar la eficacia y erradicar aquellas dimensiones superfluas que, por motivos ideológicos o corporativos, las universidades han incorporado como parte de su actividad propia. La carga de horas docentes, el tamaño de los grupos, la necesidad de atención y tutorización, la preparación de materiales, las tareas de evaluación (frecuentemente «continua»), la adaptación del profesor al perfil de los títulos o la separación de la docencia con respecto a las áreas de investigación del profesorado no son tomados como aspectos determinantes en la planificación y valoración de la docencia. Si las retribuciones económicas ya son comparativamente bajas en la Comunidad de Madrid, en especial en las figuras de profesorado no permanente o en la forma del profesor sustituto, a ello se añaden las reducciones en salarios y complementos del personal docente e investigador, que ya han comenzado a realizarse como consecuencia de las restricciones presupuestarias.

Asistimos así a una abierta devaluación de las actividades docentes, tanto desde el punto de vista social como en el interior de la academia, al tiempo que se exige el cumplimiento de objetivos vinculados a la producción de títulos con valor de mercado y la captación de estudiantes. La «calidad» de la docencia sigue ocupando un lugar visible en la retórica de legitimación de las universidades y justifica el despliegue de procedimientos generalizados de evaluación, pero, en la práctica, es un valor lateral que no posee una relevancia esencial ni en las trayectorias académicas ni en los índices comparativos entre universidades. Los *rankings* internacionales gozan de una enorme difusión mediática y, con frecuencia, son empleados para devaluar la calidad de las universidades españolas y justificar la reducción de su financiación: sin embargo, sus criterios de medición se refieren casi exclusivamente a la investigación y no toman en cuenta la naturaleza de la actividad docente desarrollada en aulas, seminarios y laboratorios. En definitiva, las formas en que la docencia universitaria se ve afectada por los procesos de reestructuración son muy diversas, y lo decisivo es poder dar una respuesta a estos problemas que, más allá del retorno a una universidad idealizada, asuma las exigencias de la democratización, la igualdad y la función social de la universidad.

La tasa de éxito derivada de la participación del profesorado de la universidad pública madrileña en convocatorias competitivas de investigación a nivel europeo, nacional y regional resulta asombrosa si se toma en consideración la escasez de recursos disponibles para preparar solicitudes y gestionar equipos de investigación. La infrafinanciación de la universidad pública madrileña golpea con especial virulencia a esta institución en el ámbito de esta dimensión imprescindible para ofrecer una docencia de calidad y una formación investigadora a la altura de un servicio público de calidad. La evaluación de la situación requiere analizar todos los daños producidos, en los que una vez más la retirada de medios suficientes para hacer frente a la prolija burocracia ligada a la financiación pública de la investigación genera focos de malestar y frustración entre los cuadros de docentes e investigadores, que inciden de manera muy preocupante en los cuadros más jóvenes.

En relación con las condiciones materiales de una investigación universitaria sostenible, resulta imprescindible denunciar que, sin una inversión pública atenta a las demandas científicas del medio universitario, capitales privados impondrán de manera creciente sus objetivos en el campo de la investigación a nivel nacional y regional. No debe pasarse por alto que las condiciones competitivas aplicadas por las administraciones públicas –desde la Agencia Estatal de Investigación hasta las Consejerías Autonómicas– llevan décadas fomentando patrones de evaluación cuantitativos y basados en análisis bibliométricos, que, por tanto, eclipsan factores como la equidad social y la igualdad de oportunidades en relación con el género. Acuerdos como Dora y CoARA han venido a matizar la priorización de datos cuantitativos para la selección de proyectos y contratos de investigación financiables, pero sin una necesaria financiación pública que favorezca la internacionalización de los resultados de la investigación de los investigadores e investigadoras pertenecientes a las universidades públicas madrileñas difícilmente podrán insertarse estos en las redes internacionales que estén determinando el curso de sus respectivas líneas de investigación. Con frecuencia, estas redes internacionales se reducen en los procesos de evaluación de manera sesgada a determinados grupos, preferentemente del mundo anglosajón, que coinciden con aquellos reconocidos por los paneles evaluadores. Es de sentido común reclamar un mayor compromiso de las administraciones autonómicas para alcanzar una presencia internacional mayor de la investigación realizada en los territorios de su competencia.

Tampoco ha identificado la Comunidad de Madrid el beneficioso impacto que tendría en sus universidades públicas implementar programas-marco de colaboración docente con investigadores e investigadoras ligados a los institutos y centros del CSIC, permitiendo comisiones de servicio conectadas que ofrezcan al personal de los OPI la posibilidad de impartir docencia, mientras los docentes de universidades públicas madrileñas desarrollan en esos organismos públicos periodos de investigación. La inviabilidad actual de este tipo de colaboraciones entre centros de la misma red pública de docencia e investigación con sede en la Comunidad de Madrid lastra la competitividad del personal docente e investigador de la misma.

Otro aspecto de la investigación pública desarrollada en la Comunidad de Madrid comprometido por el hecho de que la financiación ofrecida no resulte suficiente para responder a las tareas a acometer remite con claridad al horizonte latinoamericano, para el que no se han diseñado los programas ni generado las plataformas deseables para alcanzar una movilidad sostenible de profesorado y colaboración a través de proyectos de investigación y titulaciones compartidas. Más allá de los intereses que universidades públicas de la Comunidad de Madrid puedan tener en relación con este espacio –que en el caso de la Universidad Complutense son manifiestos por razones históricas–, este Gobierno está perdiendo una oportunidad de oro para fortalecer sus vínculos con la universidad pública latinoamericana en el eje de la docencia y, desde luego, la investigación. En efecto, el incremento de la producción científica en castellano podría aconsejar a corto y medio plazo la formación de conglomerados editoriales bilingües en un sector como el de producción científica y de las Humanidades absolutamente dominado por la lengua inglesa. Este marco de decisiones políticas y académicas coloca al personal investigador ante circunstancias difíciles y a menudo frustrantes. Como en el caso de la docencia, se diría que las condiciones que deberían promoverla tienden más bien a imposibilitar su desarrollo. La investigación sigue siendo un elemento crucial en la misión de la universidad, también, como hemos señalado, en las comparativas internacionales. Pero los actuales patrones de reforma orientan la práctica investigadora de un modo específico. Aquí se hace patente de manera especial el doble vínculo que se establece entre universidad, poder político y racionalidad empresarial: la universidad debe asumir las lógicas de la valorización y la rentabilidad, pero ha de hacerlo, además, adoptando para sí misma los procedimientos de gestión y gobierno característicos de la cultura de empresa. Ello supone la extensión de principios de productividad, competencia y auditoría desconocedores de las peculiaridades de la actividad docente e investigadora.

La reducción del presupuesto destinado a la investigación favorece el desarrollo de aquellas líneas de trabajo que pueden resultar atractivas para la captación de fondos privados. Una parte importante de la investigación científica se realiza en el ámbito de las universidades, que se enfrentan no tanto al riesgo de verse reemplazadas cuanto a la necesidad de establecer acuerdos de colaboración o partenariado público-privado que garanticen la viabilidad de proyectos y contratos. Las mismas nóminas del profesorado universitario pasarán a depender crecientemente de estas relaciones. En medida variable, ello supone la cesión del control de los objetivos de la investigación y de la explotación de los resultados a instancias privadas ajenas a la universidad, así como el abandono de áreas de trabajo que resultan poco interesantes desde el punto de vista empresarial: son evidentes aquí las consecuencias para las formas de conocimiento crítico desarrollado en muy distintas áreas. Las concepciones sobre la modernización y la apertura de la universidad incluyen como aspecto esencial el establecimiento de estas colaboraciones, de las que se entiende igualmente que depende la capacidad de innovación y rentabilización de la investigación por parte de las universidades. Un eje central de la batalla que se libra en muy distintos lugares del mundo contra la universidad es la exigencia de acabar con las investigaciones consideradas no relevantes o prescindibles (ignorando no sólo la dinámica propia de la práctica investigadora, sino también el sentido que estos proyectos poseen en relación con la sociedad, la ciudadanía y la cultura). El peso concedido a los Consejos Sociales de las universidades, cuyas funciones serán fortalecidas en las reformas legislativas anunciadas en la Comunidad de Madrid, habilita vías para la intervención de los poderes económicos en la organización de la vida académica. Ello es congruente con el hecho de que las autoridades universitarias, comenzando por los rectores, hayan de mostrar un perfil de competencia económica y financiera –gestión de recursos y patrimonio, atracción de fondos, internacionalización y marca propia– más que estrictamente intelectual o científica.

La lógica de la competencia se extiende igualmente a la práctica cotidiana de los investigadores. Las solicitudes de proyectos, fondos y contratos, así como los procesos de estabilización profesional, se apoyan en permanentes mediciones comparativas de los índices de productividad de individuos y grupos. Esto no sólo supone un importante aumento del tiempo que el personal investigador debe dedicar a esta particular burocracia –en la forma de autoevaluaciones, justificaciones de trayectoria o acreditaciones, que se extienden ya a la carrera académica en su integridad–. También favorece la elección de líneas de investigación de alto impacto mediático y empresarial, limita las investigaciones que requieren plazos largos e incentiva el aumento del número de las publicaciones por encima de su calidad o relevancia. Ello sin duda revierte en el dinamismo económico del mundo editorial, cuyos centros captan y rentabilizan privadamente los resultados de la investigación universitaria, pero no vale simplemente como indicio de excelencia investigadora. El riesgo de (auto)plagio, el abuso de la coautoría o la extraordinaria estandarización de las publicaciones académicas –paradójicamente acompañada de una permanente ficción de lo nuevo– dan cuenta de algunas de las implicaciones del modelo. Todas estas dimensiones han de considerarse, pues muestran a las claras las contradicciones que atraviesan la actividad investigadora en nuestro presente. Y no precisamente para negar la necesidad de la evaluación universitaria, sino para recordar, contra el lenguaje dominante, que nunca se trata de instrumentos neutralmente *técnicos:* la forma en la cual se diseñan y se emplean los sistemas de evaluación tiene efectos directos sobre la investigación y su calidad. También sobre las condiciones de trabajo del personal docente e investigador, ese plano que la actual *batalla cultural* institucional contra la universidad pública –toda vez que proviene de la mano de mensajes más o menos abiertos o soterrados procedentes de su propia administración competente– ignora sistemáticamente. En condiciones de asfixia financiera, las exigencias de la productividad y la evaluación permanente dan lugar a carreras académicas largas y discontinuas, sometidas a regímenes de creciente intensificación laboral y en las que no existe un umbral de seguridad profesional. Una vez suprimidos los criterios de valoración que podían vincularse a la práctica real y común de la investigación y la docencia universitaria, las evaluaciones de la calidad pueden volverse instrumentos de penalización y expulsión de trabajadores, más que de reconocimiento y retribución: sus resultados ofrecen la oportunidad para relegar trayectorias que se consideran inadecuadas o incompletas, dando legitimidad a la negación de fondos para la investigación o al retraso en los procesos de estabilización. La situación de los investigadores posdoctorales más recientes, que han de responder no sólo a exigencias de productividad muy elevadas, sino también a una plena disponibilidad a la movilidad internacional, es particularmente significativa[5]. La

---

[5] Resulta elocuente de la angustia existencial que viven los jóvenes que intentan insertarse laboralmente en la universidad pública hoy día el artícu-

incertidumbre marca de manera radical trayectorias que enlazan becas y contratos temporales, sin continuidad posible en su encargo de tareas docentes. De modo paradójico, el hecho de que el profesorado universitario tenga que acreditar méritos superiores a los exigidos en épocas precedentes no hace más sencilla su incorporación.

De nuevo, no se trata tampoco, en el plano de la investigación, de buscar un retorno a un «mundo de ayer», atravesado por muy diferentes problemas y sesgos. Es preciso tomar en cuenta las determinaciones políticas, económicas e institucionales que afectan hoy a las tareas universitarias y pensar a partir de ellas modos de producir saberes críticos y reflexivos, dotados de la autoridad suficiente para alterar los marcos conceptuales del conocimiento e incidir en las formas de organización social y las prácticas culturales.

---

lo «Todas somos impostoras», de Belén Liedo, publicado en *El Salto* el 10 de noviembre de 2023 [https://www.elsaltodiario.com/el-rumor-de-las-multitudes/todas-somos-impostoras].

CAPÍTULO IX

Desengancharse de *esta* investigación, concentrarse en enseñar

JOSÉ LUIS MORENO PESTAÑA

Me parece completamente lógico que este libro surja de una iniciativa colectiva entre amigos y amigas que enseñan filosofía en una universidad madrileña, emplazada –sin duda– en el centro neurálgico de una ofensiva neoliberal especialmente virulenta, que está desmantelando las condiciones mínimas para una vida universitaria sostenible. Esta agresividad no constituye una excepción, sino que anticipa un modelo de futuro que amenaza con imponerse a quienes en otras Comunidades nos dedicamos a la docencia y la investigación. Por eso, resulta urgente identificar los rasgos concretos que permiten y reproducen esas dinámicas, ya que la ofensiva empresarial contra la universidad no se impone únicamente desde arriba, sino que se infiltra también en determinadas prácticas cotidianas que, sin advertirlo, hemos asumido como propias.

Si el neoliberalismo puede penetrar con menos resistencia de la que desearíamos, se debe a que nuestra práctica profesional se ha erosionado, adoptando características que la vuelven maleable. Es especialmente preocupante la desaparición de criterios claros que orienten nuestra labor, al margen de los vaivenes de los mercados académicos y los caprichos de sus espacios de reconocimiento. Debemos recuperar las tradiciones profesionales como forma de resistencia frente a la influencia deletérea de los discursos sobre la competitividad, la excelencia y otros mecanismos de jerarquización social ajenos a los valores del compromiso público.

Mi texto intenta –sé que de forma imperfecta– reconstruir un modelo de práctica docente e investigadora inspirado en clásicos como José Ortega y Gasset y Manuel Sacristán. Necesitamos responder a la violencia que nos llega desde fuera –y que hoy golpea especialmente a nuestros colegas de Madrid– con una suerte de guía para perplejos que nos permita ser como queremos ser y no como quieren que seamos. De lo contrario, de poco servirá una resistencia hacia afuera si ya hemos sido devorados por dentro. Para situar la docencia dentro de la práctica universitaria, se necesita enmarcarla en las siguientes referencias. En primer lugar, dentro de actividades vinculadas con la enseñanza y la investigación. Posteriormente, confrontaré la docencia con la investigación. Enumeraré ciertos elementos consustanciales con la investigación en entornos de la filosofía y defenderé que, sin un compromiso claro con la docencia, la investigación deriva en el *escoliasticismo* y/o el *empiriofectichismo*, dos de sus modalidades en condiciones subalternas dentro de la división internacional del trabajo. Para terminar, propondré que la docencia ayuda a una práctica arraigada y democrática de la filosofía. Cuando termine, se comprenderá, espero, mi título: debemos desengancharnos, como se desengancha uno de las presiones adictivas, de *cierta* práctica de la investigación para arraigarnos en la docencia.

EL CUÁDRUPLE PRINCIPIO DE RAZÓN INTELECTUAL

Cuando actuamos filosóficamente, incidimos en cuatro ejes, los cuales se encuentran en relación, pero guardan su idiosincrasia propia. Configuran un cuádruple principio de razón intelectual. Para empezar, debe tenerse un programa específico para la práctica individual de la filosofía, necesario para ser miembro reconocible del campo filosófico: ya sea comentando autores, explicando conceptos o proponiendo novedades de muy diverso alcance. En este punto no existe dificultad alguna, porque concuerda con la representación de cualquier aspirante a la ciudadanía filosófica: esta supone que se lee, se habla y se escribe sobre cuestiones de filosofía.

La cuestión se complica con la segunda dimensión de la filoso-fía. Es posible asumir el menú filosófico que te presenta tu entor-no o, por el contrario, interrogarte por sus presencias y ausencias: qué problemas se tratan y cuáles se eluden. Cada configuración filosófica en sus diversas escalas propone un conjunto de cuestio-nes que coinciden o no con las que se plantean las personas con las que tratamos. Un elemento central de la creación filosófica es introducir asuntos arrinconados dentro de los espacios intelec-tuales, buscarles coordenadas filosóficas, presentarlos como algo intrínsecamente valioso de estudiar. En este momento, surge el problema del destinatario de la filosofía. Cada producción filosó-fica tiene interlocutores reales y virtuales: los primeros te leen o escuchan, los segundos no se encuentran presentes, pero intentas dialogar con ellos. Tal vez se trate de universitarios, de profesores o de personas que no entienden de filosofía, o que no la entienden en un determinado formato. Esa dificultad de recepción es muy distinta entre el periodista que te pide un titular y no entiende lo que dices, y la trabajadora de comercio con la que se discute sobre la extensión de la jornada de trabajo. Existen clases de Filosofía en centros de enseñanza media y superior, pero también entre colec-tivos de trabajadores, aristócratas o empresarios. En esos entor-nos, la simple distribución de filosofía exige hacerse cargo de los saberes de quienes nos escuchan.

En tercer lugar, la filosofía dialoga con las ciencias y los sabe-res, con la literatura y el arte, la política y los dilemas morales. Incluso quien se concentra exclusivamente en un elemento del canon y un problema se las ve con concepciones del saber, de la creación cultural o del gobierno en el objeto de su trabajo. Aun-que sólo sea para comprender la política de Aristóteles, debe preo-cuparse de la de su entorno o, de lo contrario, ni siquiera podría hacer más que paráfrasis casi transparentes de los textos de Aris-tóteles –cierto es que existen prácticas así–. El modelo contrario es el de una filosofía que se confunde con alguna versión de las ra-mas del conocimiento, el arte o la política. Se configura así, con más o menos enjundia, una suerte de asistencia filosófica de las prácticas, la cual puede ser útil en términos de realización de la práctica misma –la ciencia, el arte o la política se modifican filosóficamente– o al menos de su presentación pública –por ejemplo, cuando los especialistas solicitan al profesional para dar contenidos a sus escritos o a sus discursos–. Entre esos dos extremos, el de la incidencia real o el del oropel, se encuentra una variedad enorme de composiciones posibles.

Finalmente, la filosofía se articula con la experiencia cotidiana de la ciudadanía, también en su parte más íntima, la vinculada con los pensamientos no exclusivamente conscientes. La gente tiene ideas sobre la causalidad, el buen gobierno o la belleza, muy a menudo resultado de visiones filosóficas popularizadas. Gramsci insistió con mucha energía en este punto que procede de las tesis de Hegel sobre el espíritu objetivo. Las ideas se articulan en instituciones, prácticas, concepciones del ser humano, y ello aunque quienes las incorporan en «la prosa del mundo» lo hagan inadvertidamente.

Llegados a este punto, vuelvo al principio. La actividad filosófica puede encontrarse en pautas académicas, políticas o artísticas, pero la desarrollan individuos con sus nombres propios y sus peculiaridades. Una manera cómoda de realizar filosofía consiste en no interrogarse demasiado sobre esa peculiaridad o de presentarla como si no afectase al contenido de la buena filosofía. Por muy popular que sea ese modelo, por muy arrogantes que sean sus defensores, cualquiera que se preocupe por pensarlo en serio se da cuenta de que no se sostiene en absoluto. Los individuos hablan desde una experiencia social, a través de una relación específica con los saberes científicos, culturales y políticos, y situándose en determinadas posiciones filosóficas que les proporcionan o no certidumbre, reconocimiento de unos y no de otros, y capacidad de creación filosófica o de recitados de salmodias intelectuales. Una variante muy socorrida consiste en cuestionar las propiedades sociales, las certidumbres culturales o los posicionamientos de los demás o de los enemigos, pero ahorrarles el mal trago a los amigos y a uno mismo. Así, los demás son sujetos deformados, mientras que uno o los propios son verdaderos filósofos. Ese ritual proporciona un enorme confort, pero debería ruborizar. En fin, no sobra señalar que esta exigencia reflexiva no tiene nada que ver con cierta moda académica consistente en capitalizar la experiencia propia, ya sea exhibiendo los costes de acceso a la posición intelectual, ya los traumas que proceden de la opresión. La reflexividad no consiste en rentabilizar una experiencia, por auténtica que esta sea, lo cual constituye un intento de arrogarse privilegios de aristocracia epistémica y cerrar puertas a otras palabras. En suma, más de lo que describiré en el próximo apartado: competencia por excluir, relegar o descalificar a los contendientes.

Llegados aquí se distinguen tres ejes de descripción y análisis, y cuatro espacios de intervención. Los ejes de descripción se modulan en cuatro espacios: la filosofía en sí misma, la docencia y/o distribución del saber filosófico, los saberes y el diálogo con las prácticas cotidianas. En todos ellos, la filosofía adopta el modo de una actividad constante de reflexión sobre la posición social del agente, las modalidades de actividad discursiva y las prácticas de transformación adaptadas a contextos muy diversos: filosóficos, científicos, políticos/cotidianos, pedagógicos e íntimos. Comentando un autor o un resultado científico/artístico/político, asumiendo o cuestionando los relatos que desprenden los campos científicos, culturales o políticos, transmitiendo o recogiendo filosofía y examinando o asumiendo presupuestos cotidianos, quienes filosofamos vinculamos nuestra posición social, nuestra cultura y nuestra voluntad de emancipación o conservación.

PRÁCTICAS TEÓRICAS Y POLÍTICAS	LUGARES DE INTERVENCIÓN	
-Posición social -Campos -Prácticas de transformación	Espacio de los saberes (campos)	Espacio de la filosofía
-Posición social -Campos -Prácticas de transformación	Espacio político/ cotidiano	Espacio pedagógico

LA INVESTIGACIÓN COMO ATENCIÓN OBSESIVA A LOS MERCADOS DOMINANTES

La filosofía se convierte así en un campo de tensión. Exige tres actividades reflexivas y organiza su esfuerzo teniendo en cuenta cuatro espacios. Se diferencia así de otras formas de práctica filosófica, por ejemplo, y aquí aterrizo en nuestro presente, las que consideran que la filosofía debe singularizarse por la investigación –ahora veremos qué suele querer decir eso–. Conste que semejante posición nunca ha sido obvia. Por referirnos a dos grandes del pensamiento español, la investigación despertó prevenciones. En dos famosos ensayos, José Ortega y Gasset y Manuel Sacristán solicitaron distancia entre la investigación y la universidad. El primero consideró que el investigador tiene una pulsión maníaca que lo vuelve eficaz, pero cuya limitación le lleva a conocer mal la disciplina y a tener escasa lucidez sobre las perspectivas diferentes. Ortega, lejos de exagerar, caracteriza a alguien absorbido por un nudo tecnológico o un mercado académico[1]. Un nudo tecnológico unifica a las ciencias vinculadas con la aplicación de la ciencia, la cual concentra la atención colectiva en ciertos polos de investigación. Aunque el papel lo soporta todo, y podemos encontrar defensores de que su corriente es el único camino filosófico, nada análogo existe a la organización del descubrimiento a través de la tecnología. También existe la concentración maníaca, en este caso consagrándose a un efecto particular del campo filosófico –un problema ético, una especificación artística, un comentario de autor o corriente–. Sólo mediante golpes de mano institucionales se imponen los problemas, las especificaciones o las corrientes como centros de atención compartidos. De hecho, quienes lo realizan deben tener un enorme poder para convocar a los demás alrededor de sus querencias. La imposición debe ser violenta, amenazando con penalizar en la distribución de recursos o en el acceso

---

[1] José Ortega y Gasset, *Misión de la Universidad*, ed. Jacobo Muñoz, Madrid, Biblioteca Nueva, 2007, pp. 121-126.

al gremio, lo cual requiere la articulación de un colectivo que funcione entre la componenda –generalmente a partir de toma y daca– y la socialización compulsiva en los presupuestos compartidos, relegando o excluyendo a quien los cuestione. Esto último asemeja los grupos filosóficos a las instituciones totales, sometiendo a los individuos a un exclusivo grupo de referencia y manteniendo pautas de control cruzadas en las que a menudo se incuban los peores rasgos de carácter y los más traumáticos desequilibrios mentales.

Además, y es un aspecto importante, la investigación –esta «investigación»– se articula dentro de una división internacional del trabajo académico. Existen núcleos prestigiosos y núcleos considerados atrasados. La lógica ganadora consiste en conectarse con un núcleo prestigioso que produce teorías y problemas asociados a nombres propios y que requiere comentadores y difusores en conflicto con otros nombres propios y otros comentadores y difusores. Se articula así una red profundamente desigual en la que se compite con otros núcleos dominantes, si nos situamos en el núcleo exportador. Los comentadores y difusores discuten dentro del propio núcleo –con otros aspirantes- y con los núcleos ajenos. Razmig Keucheyan ha evocado la tesis de Trotsky sobre el *desarrollo desigual y combinado*[2]. Desde su origen en una teoría del imperialismo, semejante perspectiva explica, aplicada al campo intelectual, que determinados centros avanzados se vinculen con el perpetuo subdesarrollo de aquellos que deben ignorar sus propios problemas para importar los ajenos, permaneciendo siempre en una condición subalterna. Desde el centro imperial se venden mercancías y se reciben, con bajo coste, materias primas y se genera endeudamiento por los préstamos para el desarrollo; pero análogamente se importan teorías –vinculadas a redes de nombres propios cuyas anécdotas su vuelven trascendentales– y se reciben comentarios,

---

[2] Razmig Keucheyan, *The Left Hemisphere. Mapping Critical Theory Today*, Londres, Verso, 2013, p. 114 [ed. cast.: *Hemisferio izquierdo. Un mapa de los pensamientos críticos*, trad. Alicia Bixio, Madrid, Siglo XXI, 2013].

traducciones, invitaciones. Desde el centro se inyecta el crédito carismático en los más solícitos importadores, los cuales suelen desollarse –simbólicamente– con otros contrincantes.

Nadie puede negar que en ese entorno se promueva conocimiento, pero no se encuentra articulado por los avances tecnológicos –como en las ciencias vinculadas al descubrimiento– sino por prácticas políticas –vividas como exclusivamente intelectuales– de conflicto interior al núcleo importador y entre los diversos núcleos exportadores. Antoni Domènech explicó que la atención al mercado deja a los individuos prendidos en una atención nerviosa que les impide distancia y reflexividad. Lo mismo sucede con los movimientos del mercado académico. El especialista es alguien absorbido por un sector del mercado académico, sin energías para reconocer la bondad ajena y minuciosamente atenido a una red de capital relacional y los problemas que la singularizan. Buena parte de los fondos para la investigación se emplean en mantener la red con coloquios, estancias y festejos que permiten complacer al centro y merecer reconocimiento.

Vuelvo ahora a Manuel Sacristán. En un contexto diferente, se preguntaba si España debía priorizar la investigación para adquirir independencia tecnológica o si «hay que inclinarse a la comunicación del conocimiento y de la capacidad de conocer, en un intento de capacitar a estratos cada vez más amplios»[3]. Cabría adaptar la pregunta y señalar si, en condiciones de *desarrollo «investigador» desigual y combinado*, no sería más interesante desengancharse de la carrera por importar núcleos de investigación, dada la incertidumbre que se genera: convertirse en un importador unidimensional perpetuamente en conflicto por atraer la atención de agentes que facturan cuestiones que impiden formarse un criterio medianamente amplio y equilibrado. Es más, Sacristán alertaba contra una investigación cuyo exclusivo objetivo consistía en publicar para ascender en la carrera universitaria. Recuerdo sus palabras:

---

[3] Manuel Sacristán, *Intervenciones políticas. Panfletos y materiales III*, Barcelona, Icaria, 1985, p. 274.

Muchos investigadores experimentales admiten ya en privado que gran parte de las publicaciones de su especialidad no tiene valor de conocimiento del mundo, sino que es un conjunto de meras piezas del expediente académico de los autores. Cierto que esa volatilización del «valor de uso» de las publicaciones se daba ya en el carácter exclusivamente gremial de la mayoría de las tesis doctorales en letras. Pero las clases trabajadoras pagan más caramente el breve *paper* ocioso del físico o biólogo que la tesis gruesa e inútil del literato[4].

La referencia de Sacristán a la explotación de las clases trabajadoras tiene más importancia de la que tal vez le atribuyese. Después de la segunda década del siglo pasado, la mayoría de los ingresos de las clases dominantes procede de salarios y no de rentas del capital[5]. La investigación sin valor de uso científico se incluye dentro de la extracción de rentas por parte de las clases altas. Habría, por tanto, que desengancharse de *esta* investigación, ya que ¿qué es lo que genera?

Un sistema de barreras suele controlar el acceso a los lugares de reconocimiento, a menudo sostenidos sobre los monopolios sobre algún bien simbólico: obras de autores, comentarios de inéditos, inserción en congresos importantes. La consecuencia suele ser una sobreatención a quienes se encuentran en el centro de la red y un desdén por quien se encuentra cerca, en el propio lugar de trabajo o en el propio país, escriba cuanto escriba y haga cuanto haga. La creación intelectual se deriva en *escoliasticismo*, por los escoliastas, comentadores de comentadores absolutamente disciplinados para no perder los favores de quienes capitalizan el centro de atención. Periódicamente algún autor subalterno ingresa en el centro, lo cual contribuye a mantener la creencia de la movilidad posible. Con esa creencia se refuerza la competencia horizontal.

---

[4] *Ibid.*, pp. 116-117.
[5] Gerard Duménil y Dominique Lévy, *Managerial Capitalism. Ownership, Management and the Coming New Mode of Production*, Londres, Pluto Press, 2018, pp. 13-14.

La industria del comentario de textos no es la única modalidad de ejercicio de la filosofía. Poco a poco se extiende la producción, análisis e interpretación de datos. Esta novedosa hibridación de la filosofía con los saberes resultaba impensable hace un tiempo. Ahora bien, nada tiene más enjundia filosófica que la producción e interpretación de datos. Los datos se generan a través de determinados dispositivos, los cuales pueden ser legítimos o no, dependiendo de las culturas nacionales. Particularmente socorridos son los datos estadísticos, fáciles de externalizar y dotados de la magia de los gráficos y las cifras. La producción de datos cualitativos se encuentra conminada por las modalidades de publicación (el *paper*), que difícilmente admiten una argumentación extensa como la requerida por tales datos. Como estos, además, se generan a menudo por encargo, aquellos que los publican y comentan se limitan a ver cuánto cuadra o no con las publicaciones de las redes dominantes, que, ¡oh sorpresa!, tienen una estructura muy similar a la que organiza la industria del comentario. Otto Neurath detallaba los debates que, al menos, se abren respecto de los enunciados protocolares: cuáles son las experiencias que se consideran legítimas, si se ha mentido, si existen equivocaciones, cómo se dirimen los datos empíricamente contrarios y cuáles entran en las articulaciones teóricas. Abordar tales problemas, seguramente aquellos que se espera de la filosofía, arrumba en la marginación a quien se atreva. La saludable tensión empírica de la filosofía se rebaja hacia una suerte de *empiriofetichismo* donde se producen los datos y los métodos que encajan con las pautas de publicación y las narrativas dominantes.

La ansiedad por ser significativo hacia los centros dominantes dispone a los sujetos hacia el plagio (copiando sin citar o citando muy marginalmente, acudiendo a coloquios –incluso aprovechando conversaciones– para birlar el trabajo ajeno…). También los dispone a ocultar a gente cercana con cualidades y a empujarla a espacios sin visibilidad. Una importante consecuencia de estas prácticas es destruir las condiciones de perduración de grupos de trabajo en los entornos cotidianos de los países dominados. La visibilidad, así sea efímera, ante los referentes internacionales incita toda clase de ilusiones, sobre todo la de que uno, escondiendo a sus amigos y colegas, va a convertirse en alguno de los promocionados hacia el centro. Alguno lo consigue.

La subalternidad en la investigación impide escuchar los problemas reales de las personas con las que se tiene interacción real –a no ser en aquellas dimensiones en las que se asemejan a la práctica dominante–. Por supuesto, cabe luchar contra esa práctica de la investigación. Quienes hemos investigado sabemos que, aun con carencias, puede producirse conocimiento con medios completamente artesanales. Se necesita inserción en las realidades a estudiar y constancia: no se requieren grandes equipamientos para producir datos significativos o desvelar articulaciones de la realidad que pasaban desapercibidas. Reconocer y apoyar esas prácticas de la investigación, exigentes metódicamente y vinculadas con los entornos inmediatos, es una obligación política y profesional.

Anclarse en la docencia

Es la docencia la que más sufre los efectos deletéreos de semejantes prácticas de la investigación. Urgidos por el reclutamiento de talentos, los profesores se dedican a captar al alumnado desde muy pronto, sabiendo que todas las manos son pocas para la creación de industria intelectual. Muy pronto, la socialización académica adquiere las trazas siniestras de la movilización política, haciendo correr toda clase de propaganda sobre los nudos contrapuestos o, más moderadamente, sobre los competidores dentro de la propia red de atención. Las clases se transforman en espacios de adiestramiento y doctrina.

Dentro de la movilización general que caracteriza la socialización subalterna, queda escaso tiempo para formarse mínimamente y ofrecer una docencia equilibrada. La presunción de ser investigadores exige estar al día de los movimientos de quienes controlan la red. Si esta depende de producciones donde se cultivan los clásicos, de referentes que leen con espíritu abierto, cabe que se adquiera una suerte de acumulación cultural básica que permita ser docente con algo de solvencia. De lo contrario, los programas reproducen nimiedades del propio entorno, cuando no simplificaciones grotescas de la filosofía que se ignora. En ese momento, la práctica de la filosofía interfiere distorsionadamente con otro de sus elementos: la transmisión pedagógica. Una docencia equilibrada cuestiona la movilización crispada por la propia red y generaría una enorme pérdida de creencia. Las instituciones totales no permiten disensión alguna y no necesitan la sanción explícita para condenar a los individuos al arrinconamiento. Por eso nos jugamos tanto exigiendo que se den buenas clases, insistiendo en impartir programas equilibrados que recojan lo que existe de clásico, permitiendo que en las aulas se confronten razones que no nos convencen pero que han convencido y lo siguen haciendo.

Esa docencia requiere esfuerzo. No basta con introducir textos, porque estos no son transparentes. Requiere situarlos en coyunturas biográficas, culturales y políticas donde adquieren sentido. Escuchar razones no supone darles la razón, pero presentar viñetas malintencionadas únicamente genera disciplina irracional y fanatismo.

En ese momento, el cuádruple principio de razón intelectual gira alrededor de uno de sus ejes: la transmisión pedagógica con su obligada atención a la experiencia del interlocutor. Lo cual no impide que se investigue, sino que se haga en diálogo con los agentes que nos resultan significativos en nuestros entornos; no sólo con ellos, pero sin sacrificarlos al imaginario que segregan los centros de exportadores de teorías y estrellas, y receptores de comentarios y difusores. La filosofía tendrá que solidarizarse con aquellas prácticas de investigación implicadas en el propio contexto. Así, el diálogo con los presupuestos filosóficos de la cotidianidad ayuda a articular, siempre con esfuerzo, los debates de la disciplina con los de nuestro entorno.

Perderemos el *escoliasticismo* y el *empiriofetichismo*. Bien perdidos están. Para algún talento cierto que han propiciado, ¿cuántas vocaciones malbaratadas dentro del desarrollo desigual y combinado?

LOS PRINCIPIOS DE UNA DOCENCIA DEMOCRÁTICA

En lo que sigue me propongo referir, muy brevemente, cómo sería esa docencia que considero inspirada por una práctica democrática de la filosofía. Permítaseme referirme a un trabajo propio y a resumir lo allí expuesto[6].

Para empezar, el productor de filosofía nunca tiene propiedades meramente personales. Cualquier filosofía incluye un conglomerado de creencias comunes depositadas en el lenguaje y vinculadas con modos de ver y de actuar. La práctica filosófica democrática obedece a un imperativo de «inventario», de comprensión de aquello que recibimos y que nos propende en una determinada dirección. Es un *primer nivel* de la práctica democrática, frente al cual la filosofía como explotación manipula, con o sin conciencia, los valores culturales depositados en sus interlocutores.

Un *segundo nivel* procede de su capacidad de acogida. La filosofía democrática recoge lo mejor de las filosofías anteriores, las traduce en sus propios términos sin rechazarlas. Es una práctica filosófica que no persigue aislarse en un idiolecto propio, sino que es gozosamente «bilingüe»[7]. La filosofía tradicional, por el contrario, hace el gesto de no entender todo cuanto no se expresa en su lenguaje, asemejándose así a los esperantistas que no entienden

---

[6] Reproduzco aquí, con escasas variaciones, lo incluido en José Luis Moreno Pestaña, «Antonio Gramsci, Manuel Sacristán y la lucha contra la explotación cultural», *International Gramsci Journal* 6, 1 (2025), pp. 408-413.

[7] Antonio Gramsci. *Cuadernos de la cárcel*, 3 volúmenes, trad. y notas de Antonio J. Antón Fernández e introducciones e itinerarios de lectura de Anxo Garrido, Madrid, Akal. 2023, X, §20, p. 535.

cuanto no se expresa en las coordenadas de su idiolecto[8]. En el fondo, se trata de una pulsión del academicismo competitivo. La búsqueda del capital cultural tiende a mostrar a los contendientes de manera sesgada, presentándolos sin comprender su sentido y transformando la referencia a otras filosofías en un tratado de teratología[9]. Por el contrario, la práctica democrática de la filosofía persigue formarse en el debate con lo mejor de las posiciones culturales alternativas.

La filosofía como explotación se deja conducir por la ansiedad competitiva. Como si se tratase de pequeños capitalistas, los filósofos persiguen eliminar competidores, subordinarlos manipulando su mensaje, ocultándolos mientras parasitan su trabajo, y todo ello con el objetivo de captar los dividendos simbólicos y materiales del espacio de atención.

Un *tercer nivel* incluye polaridades individuales y polaridades colectivas dentro del trabajo filosófico. El polo individual incluye realizar aportaciones; el colectivo, «difundir críticamente verdades ya descubiertas, "socializarlas" por así decir»[10]. La práctica democrática no tiene sólo el componente individual de consagración, sino también el colectivo. El esfuerzo de la práctica democrática de la filosofía incluye conocer los diversos «prismas» que refractan una información. La práctica democrática de la filosofía no supone nunca la distribución desde un centro de un mensaje homogéneo. Todo lo contrario de cuando se restringe la filosofía a determinados públicos y se la adapta a sus prismas exclusivos, propiciando la autocomprensión satisfecha de las elites, las cuales se ven bendecidas como las únicas capaces de absorber los logros de la alta cultura.

Un *cuarto nivel* incluye distanciarse de las pulsiones egolátricas de la filosofía individual. La producción individual de filosofía, con su ansiedad por el nombre y por eliminar concurrentes, tien-

---

[8] *Ibid.*, XI, §45, p. 706.
[9] *Ibid.*, XI, §18, p. 663.
[10] *Ibid.*, XI, §12, p. 632.

de a producir sistemas cerrados como si fuesen un hallazgo insuperable. Frente a esa tendencia fatua, la filosofía democrática concibe la filosofía de una época como conjunto cultural de las prácticas intelectuales, incluida la de los adversarios que no pueden ser tratados como objetos de explotación simbólica[11].

La explotación cultural a través de la filosofía persiste en la inflación de la singularidad, la cual impulsa hasta extremos ridículos, algo que se potencia en la sociedad de consumo de masas. La única comunidad que se conoce es la de los egos compitiendo en arenas nacionales e internacionales, lo cual reduce al resto a simples comentadores, aplicadores y consumidores fanatizados.

De acuerdo con esos niveles, la filosofía deja de ser ceguera respecto de la aportación colectiva en el pensamiento *(primer nivel)*. También deja de ser pura competencia por el espacio de atención *(segundo nivel)*, aquello que permite el combate concurrente por acumular capital cultural. En el *tercer nivel*, la práctica democrática de la filosofía no es comunicación en un entorno restringido y alrededor de una visión del mundo etnocéntrica y sociocéntrica; comienza a ser una etnografía activa de las prácticas interpretativas accesibles en territorios socialmente alejados de los profesionales. En fin, en el *cuarto nivel*, la filosofía democrática, sin abandonar la expresión individual, se distancia de los sistemas cerrados, consciente de la importancia de otros acercamientos filosóficos.

Ese programa puede ser el nuestro y estoy seguro de que, con mejor docencia, también se realizará mejor investigación.

---

[11] *Ibid.*, XI, §16, p. 658.

CAPÍTULO X

Nuestro tiempo, tiempo de crisis: apuntes críticos sobre la defensa de la universidad pública en nuestro presente

MIGUEL AMADOR Y JUANA CASO

> No es difícil ver, por lo demás, que nuestro tiempo es un tiempo de parto y de transición hacia un periodo nuevo. El espíritu ha roto con el mundo anterior de su existencia y de sus representaciones, y está a punto de arrojarlo para que se hunda en el pasado, está en el trabajo de reconfigurarse.
>
> Hegel, *Fenomenología del espíritu*

I

Somos hijas de la crisis. Nuestra generación ha crecido en un momento histórico definido por la naturalización de la crisis. Parecemos destinadas a habitar un presente en declive que se consume incesantemente a sí mismo bajo la impresión de que nada realmente pasa. Resignadas al desempleo, al trabajo precario, a alquileres que no permiten llegar a mitad de mes, sintiendo que nuestro cuerpo no puede dar más de sí. Asistiendo impotentes a una crisis climática cuyos devastadores efectos apenas comienzan a percibirse, a la retransmisión en directo de un genocidio en Palestina y al abarrotamiento sin pausa de esa fosa común que es el Mediterráneo. Y, mientras tanto, los Estados capitalistas están comenzando a hacer sonar los tambores de guerra, marcando una tendencia hacia lo que parece ser la única salida que se nos va a ofrecer ante la intensificación de esta crisis.

Nuestro presente se encuentra atravesado por la agudización de una crisis histórica del sistema capitalista, cuya profundidad debe rastrearse en un proceso de varias décadas[1]. Crisis que es indisociable del proceso de desmoronamiento del Estado del bienestar y del resquebrajamiento de su correspondiente proyecto de sociedad de clases medias. De este modo, aproximarnos a una comprensión de la actual ofensiva mercantilizadora y privatizadora del sistema público de universidades español, y su particular intensidad en el caso de la Comunidad Autónoma de Madrid, nos exige atender a su conexión con la crisis de los elementos articuladores del orden social del Estado del bienestar. Desde este enfoque, pretendemos identificar algunas de las limitaciones políticas de los pasados ciclos de movilizaciones universitarias del así conocido como «movimiento estudiantil». Todo ello con la intención de contribuir al debate respecto de las estrategias y tácticas que imponen los desafíos de nuestro tiempo ante la apertura de un nuevo ciclo de movilizaciones en las universidades públicas madrileñas frente a unas dinámicas de privatización y mercantilización de la institución universitaria que sólo parecen nuevas porque no dejan de ensanchar, hasta límites insospechados, el límite de lo inacepta-

---

[1] Desde mediados de los años setenta, con la liberación de los tipos de cambio respecto de la convertibilidad del dólar en oro y el estallido de la crisis del petróleo, se acusa ya una crisis de acumulación capitalista que evidencia los límites de este modelo social prevaleciente desde la Segunda Guerra Mundial. A finales de esta década y comienzos de los ochenta se producirá una ruptura del pacto social fordista de posguerra, desplegándose una ofensiva política contra las clases trabajadoras para imponer una profunda reestructuración de la organización social que permitiese relanzar el ciclo de acumulación y garantizar así la supervivencia del sistema capitalista. En todo caso, a pesar de las transformaciones, puede advertirse una clara tendencia al agotamiento económico que avanza cada década. A este respecto, puede consultarse Corsino Vela, *En la línea de quiebra. Crisis estructural y mentalidad en la sociedad de consumo*, Madrid, Traficantes de Sueños, 2018; también Robert Brenner, *La economía de la turbulencia global*, Madrid, Akal, 2009.

ble, pero que en realidad son una realidad históricamente asentada de nuestro tiempo.

Seguimos, por tanto, una intuición del filósofo berlinés Walter Benjamin, según la cual el derrumbe y hundimiento de las cosas nos sitúa en las condiciones de posibilidad de su comprensión. Buscamos así iluminar nuestro pasado más reciente con una nueva luz que nos habilite para mirar a nuestro presente, puesto que un momento histórico definido por la naturalización de la crisis es también un momento de desnaturalización del capitalismo. Sólo de este modo podremos orientarnos en estos tiempos convulsos que atravesamos, prefiguradores de un futuro cada vez más incierto cuyas consecuencias no creemos que seamos aún capaces de representarnos.

II

El modelo del Estado del bienestar constituye una anomalía que sólo puede ser comprendida como resultado de una situación histórica completamente excepcional en Europa, producto de una serie de concesiones (seguridad social, legislación laboral, escolarización universal, etc.) en el marco de una correlación de fuerzas favorable a la clase trabajadora europea después de la Segunda Guerra Mundial y un periodo de crecimiento sostenido como no se había visto antes en la historia del capitalismo. Dicho modelo, a través de la integración de importantes capas de las clases trabajadores dentro de las estructuras del Estado y su nación política, operará como un instrumento de cohesión y pacificación social, reabsorbiendo en sus cauces institucionales el antagonismo y el conflicto.

[De este modo] al margen del Estado, y a la postre de la nación, ya no estará por tanto la clase obrera, con sus instituciones particulares, siempre difíciles de domesticar y en ocasiones tendentes a la aventura revolucionaria, sino una nueva clase pobre, una infraclase, un proletariado lumpenizado, que compone la nueva esfera de la «marginalidad» –de la no integración– y que el Estado gestionará por medio de una combinación de represión y paternalismo[2].

El Estado social de derecho ya no sería así percibido como el «Estado burgués», sino como un «Estado de todo el pueblo», sobre cuya ficción de neutralidad social se configurarán los sistemas políticos contemporáneos. Este fuerte marco de estabilización social se articulará ideológicamente a partir del concepto de «sociedad de clases medias». Un concepto que, y esto es fundamental, remite no tanto a una clase mayoritaria en términos numéricos como a un programa o proyecto que define un horizonte de subjetividad hegemónico y que producirá vastos efectos políticos. Entre esos efectos políticos encontramos, por ejemplo, la generalización de una visión meritocrática e individualista de la sociedad, que funcionará como legitimadora de la división y desigualdades de clase, al mismo tiempo que, como señalábamos, actuará como disolvente ideológico de las categorías políticas a través de las cuales se habían organizado las clases trabajadoras. Las burocracias partidarias y sindicales del movimiento obrero iniciarán un proceso de renuncia a sus principios que integrarán en el aparato estatal, convertidos en prolongación política e ideológica del propio Estado, mientras que, paralelamente, comenzarán a ser percibidas por distintos sectores integrantes de la clase trabajadora como organismos crecientemente distantes y anquilosados respecto de sus realidades (en materia racial, generacional, de género…).

Ahora bien, resulta fundamental comprender que la «sociedad de clases medias» no ha de descartarse como una mera ilusión o engaño. Si se quiere comprender el alcance político de este pro-

***

[2] Emmanuel Rodríguez, *El efecto clase media. Crítica y crisis de la paz social*, Madrid, Traficantes de Sueños, Madrid, 2002, p. 39. A continuación, seguimos en este apartado algunas de las líneas generales de los análisis realizados en esta obra.

yecto, resulta preciso reconocer que, durante la bonanza económica de la «edad dorada» de este modelo (1945-1973), la idea de «ascensor social» vehiculante de este proyecto de clases medias supuso (si bien de forma relativa y siempre dentro de este marco ideológico de funciones legitimadoras de la división social) la incorporación de sectores de las clases trabajadoras a unos estándares desconocidos de prosperidad, protección, garantías y certezas de futuro, configuradores de un horizonte aspiracional, aparentemente universalizable y alcanzable para el resto de sectores de esta clase mediante su esfuerzo. Esta noción de «ascensor social» y, en definitiva, el proyecto de sociedad de clases medias se articulan en torno a lo que hay que identificar como los tres pilares esenciales del Estado del bienestar: la generalización de la escolarización y acceso a la universidad, un mercado de trabajo en expansión en los sectores público y privado con importantes protecciones laborales y, por último, el acceso a la vivienda, en el marco de las transformaciones hacia una sociedad de consumo. Pues bien, sin la intención de minimizar otros de sus aspectos elementales y, aun a riesgo de resultar excesivamente simplistas, para el objetivo que aquí interesa nos parece importante limitarnos a exponer la estructura básica de articulación de los materiales de constitución de estas primeras clases medias. Encontramos así una triple conexión entre los elementos mencionados que presentará, en sus líneas esquemáticas, la siguiente forma: familias de clase trabajadora que asumen sacrificios para intentar garantizar la entrada de sus hijos a niveles superiores de educación, en la medida en que la posesión de títulos educativos supondrá una inserción favorable en un mercado laboral que, a su vez, constituye una garantía de acceso a la vivienda. Este es el suelo sobre el que, hasta su crisis definitiva en 2008, se incluirá a buena parte de la sociedad en unos ciclos de prosperidad que, por efímeros que nos parezcan, generarán efectos muy reales, desplegando esta lógica material y simbólica de integración y pacificación social.

III

A continuación, concluida esta exposición preambular con la que pretendíamos dibujar algunas de las líneas generalísimas de constitución del Estado del bienestar y su proyecto de sociedad de clases medias, pretendemos realizar un análisis de la institución universitaria dentro del caso específico del Estado español. Con ello, buscamos estar en condiciones de comprender las distintas demandas y configuraciones organizativas que adoptaron los ciclos de movilización del «movimiento estudiantil». A partir de aquí intentaremos desarrollar aquellas limitaciones que consideramos que atravesaron estos ciclos de movilizaciones, atendiendo especialmente a nuestras dos décadas recientes.

De entrada, hay que comenzar señalando que la incorporación de España al modelo de Estado del bienestar presenta un desarrollo tardío y más debilitado que los demás países europeos, debido a factores histórico-sociales vinculados a una lenta recuperación de la posguerra y al molde autoritario y revanchista de la dictadura franquista. Su construcción coincidirá con la apertura de la etapa «desarrollista», si bien la expansión y consolidación de este modelo debe localizarse en el periodo de la Transición y primeros años de la democracia, en lo que constituye un claro desfase con respecto del momento histórico de creciente erosión que estaba ya comenzando a atravesar el modelo del Estado del bienestar en el resto de Europa. Estos factores afectarán al desarrollo mismo de la institución universitaria, produciendo algunos efectos que nos parece interesante explorar.

Podemos así observar que, al comienzo de la década de 1960, la universidad sigue siendo un espacio reservado esencialmente a las elites, con una tasa de acceso muy limitada en comparación con otros países como Francia, Alemania Occidental o Italia[3]. Du-

---

[3] Si en el curso 1960-1961 había matriculados en estudios superiores 62.105 estudiantes en España, esa cifra será de 212.021, 210.900 y 191.790 estudiantes en los casos respectivos de Alemania Occidental, Francia e Ita-

rante los siguientes años asistimos, sin embargo, a un fuerte y extendido proceso de presión social a favor de una democratización escolar (infraestructuras, equipamientos educativos, docentes, etc.) que será impulsado fundamentalmente desde los barrios obreros a través de sus movimientos vecinales y sindicales. Ello no debe sorprendernos, puesto que históricamente las clases trabajadoras han situado el acceso universal a la educación en el centro de sus demandas políticas, en una lucha que ha tenido al menos dos dimensiones fundamentales: por un lado, como garantía de acceso a mejores condiciones de vida a través de la cualificación y, por otro, como espacio de formación contra la ignorancia, vehículo fundamental de la heteronomía y la dominación política. En este contexto que estamos analizando, no resultaría exagerado decir, por ejemplo, que no cabe encontrar prácticamente ningún colegio o instituto en Madrid construido a partir de esta década que no se encuentre asociado a uno de estos procesos de lucha. Acuse de recibo de esta importante demanda de escolarización será la promulgación de la Ley General de Educación de 1970, que pretenderá ofrecer una respuesta a esta presión social en aumento, al mismo tiempo que articularla con la satisfacción de las demandas de cualificación profesional exigidas por la propia transformación económica del país en el marco, recordemos de desarrollo, de un proyecto de sociedad de clases medias. Reforma que nos permite a su vez dar cuenta, por otro lado, de las tensiones que se articulan en estos procesos de lucha educativa por parte de las clases trabajadoras. En efecto, si bien el acceso a la educación pública ha constituido un espacio fundamental de la lucha de clases, no pueden obviarse las condiciones de organización social capitalista dentro de la cual se han logrado sus concesiones o conquistas. En cualquier caso, con independencia de cómo se valoren las distintas concesiones o conquistas alcanzadas en este ámbito, lo que es un hecho es que nos encontramos con una institución cada vez

---

lia. Empleamos los datos que pueden consultase en Brian R. Mitchell, *International historical statistics, Europe, 1750-1988*, Basingstoke, McMillan, 1992.

más moldeada y subordinada a la reproducción de los intereses ideológicos y técnicos que demanda el funcionamiento de la economía capitalista.

En apenas unas décadas, el sistema educativo español vivirá una transformación sin precedentes. A comienzos de los años 60, apenas existían 120 institutos públicos de bachillerato en todo el país. Sin embargo, en sólo diez años –para 1970– esa cifra había superado los 600, un crecimiento vertiginoso que ilustra el impulso modernizador del momento: como si cada pequeño pueblo hubiera pasado de tener un solo centro educativo a contar con cinco o seis. Este fenómeno no se limitó a la enseñanza secundaria. Entre 1968 y 1973, el número de universidades públicas prácticamente se duplicó, pasando de 11 a 21. Lo llamativo es que, hasta entonces, diez de esas once universidades existentes databan del siglo XVI, lo que subraya la ruptura que supuso esta expansión tras siglos de inercia institucional. En el curso 1969-1970 estudiaban en las aulas universitarias algo más de 346.000 personas. Una década después, eran casi 660.000. En los años noventa, la cifra ya superaba el millón y al llegar al año 2000 se acercaba al millón y medio. En sólo treinta años, el número de estudiantes universitarios se multiplicó por más de cuatro, dando forma a un innegable proceso de democratización del acceso a la educación superior[4].

La sociedad española, en su transformación progresiva a una sociedad de clases medias, se constituirá, por tanto, de un modo singularmente rápido e intenso, como una sociedad profundamente articulada desde un arraigado valor del acceso a la educación y sus títulos como determinante de la posición social. Ello nos proporciona el marco dentro del que cabe comprender que, recién entrados en democracia, las demandas del «movimiento estudiantil» se vayan a articular fundamentalmente desde la perspectiva de una defensa del acceso a una educación superior universal y de calidad para los hijos de la clase trabajadora, enfrentados frontalmente a sus distintos mecanismos de exclusión, como

---

[4] Rodríguez, *op. cit.*

el incremento de tasas universitarias o la realización de exámenes de selectividad (que aparecerán por primera vez en 1975, siendo reforzados en las siguientes décadas). Estas medidas de restricción del acceso a la universidad se encontrarán en el origen de la gran huelga del «movimiento estudiantil» del curso 1986-1987, movilización masiva en la que, por otro lado, se expresarán de forma clara estas tensiones entre el ideal de la universidad como derecho al que se tiene acceso por parte de las clases trabajadoras y la intensificación de su condición de un espacio de gestión del mérito y la exclusión en unas crecientes coordenadas de agotamiento del ciclo económico. No obstante, a pesar de su conflictividad y seguimiento, así como de sus conquistas en materia de becas y reducción de tasas, esta huelga será tanto incapaz de derogar la LRU como de obtener la gratuidad educativa o la eliminación de la selectividad, por lo que su derrota supuso la normalización generalizada de este marco de medidas. Tampoco puede olvidarse que esta será, al mismo tiempo, la década del asentamiento de la globalización capitalista, ofensiva que hallará posteriormente impulso en el derrumbe del bloque soviético. Serán así también años de una durísima crisis social como resultado de la creciente erosión de la institucionalización del pacto social de posguerra y de la disolución del contexto material laboral fordista desde el que aún se articulaba cierta centralidad socio-política de un movimiento obrero que, profundamente debilitado y en un contexto de repliegue histórico del comunismo, se verá empujado masivamente hacia su desintegración en los imaginarios hegemónicos de la clase media, galvanizada ahora en su fase neoliberal por los ciclos de financiarización[5]. Se inauguraba la época del mantra del «final de la histo-

---

[5] El programa neoliberal, como proyecto que, ante todo, buscará hacer del mercado el orden mismo de la vida en movimiento, encontrará un suelo fértil en la articulación ideológica de las clases medias. Dicho proyecto será responsable del encubrimiento de la explotación e invisibilización ideológica de la clase trabajadora a través de narrativas meritocráticas de empresarización del sujeto, logrando que la propia clase trabajadora contribuya a difundir la racionalidad que la mantiene desorganiza-

ria» y de la extensión cultural del «realismo capitalista», que desplazará fuera del horizonte político-cultural de lo imaginable la superación del orden social capitalista.

IV

Nos corresponde ahora mirar al ciclo de movilizaciones estudiantiles que se abrirá a comienzos de los 2000 y cuyos contenidos encontrarán una continuidad en el estallido y devenir de la crisis del 2008, el 15-M y el surgimiento de la nueva socialdemocracia. En bastantes sentidos, muchos de sus planteamientos siguen ejerciendo acríticamente una fuerte influencia en las prácticas políticas de nuestro presente. Constituye, por tanto, una prioridad, en nuestra intención de contribuir al debate sobre las estrategias y tácticas más acertadas para nuestro presente, que realicemos un balance crítico adecuado de este pasado ciclo de movilizaciones.

La creación e implantación del Espacio Europeo de Educación Superior (EEES), también conocido como plan Bolonia, arropado ideológicamente por sus valedores mediante la idea de la adecuación a los desafíos planteados por la «sociedad del conocimiento», constituyó el comienzo de una inmensa revolución de la institución universitaria con la finalidad de adaptarla a las nuevas exigencias de una actividad económica. Ahora bien, con estas transformaciones no sólo se perseguirá una profunda reorganización del entramado académico de saberes al punto de su rendimiento productivo. Ante todo, se tratará del establecimiento de las condiciones formativas que redunden en la producción de un modelo de subjetividad adaptable dócilmente a unos nuevos modelos laborales tendencialmente precarios, despiadados e inesta-

---

da y despolitizada. Somos conscientes, por tanto, de que cualquier apelación a dicho sujeto como sujeto revolucionario no puede presuponerlo como dado, sino que ha de abordar el proyecto de articularlo desde sus intereses y problemáticas fragmentadas e invisibilizadas de partida en nuestros tiempos.

bles, en lo que constituye un proceso más amplio que excede el ámbito educativo universitario y se extiende a todas las dimensiones del cuerpo social.

El movimiento anti-Bolonia irrumpirá con fuerza frente a este proceso de desmantelamiento y mercantilización de la universidad pública, desplegando un ciclo alcista de movilización que se fraguará al calor de sus distintas reformas durante la primera década de los 2000. Atendiendo a sus líneas discursivas, nos encontramos con que se encuentran atravesadas por una reivindicación política fundamental: una defensa incondicional de la educación pública. Esta defensa se articula dentro de un marco ciudadanista socialdemócrata, con una retórica más o menos radical, donde dicha ofensiva contra la universidad es comprendida como un ataque a los derechos de la ciudadanía e interés general, que debe ser frenado desde el Estado y sus instituciones en tanto que garantes de su independencia y autonomía frente a las leyes salvajes del mercado. La estrategia de resistencia consistiría, por consiguiente, en apelar a la voluntad de los gobernantes de las instituciones estatales para atender las demandas de la ciudadanía expresadas a través de este movimiento.

De este modo, consideramos que se estaría incurriendo en una suerte de separación artificiosa de fondo entre Estado y mercado deudora de una separación, no menos artificial, entre política y economía. Aunque cabe considerar que el Estado no constituye algo así como un bloque homogéneo sin fisuras resultado de un diseño apriorístico de dominación de clase, pudiendo rastrearse en él distintos sedimentos institucionales productos de las cambiantes correlaciones históricas de fuerza de las luchas de clase, ello no debe borrar su centralidad en los mecanismos de reproducción del sistema capitalista, garantizando y perpetuando dicha dominación. De hecho, según avanza esta ofensiva capitalista generalizada, la condición del Estado como aparato de dominación se muestra con mayor crudeza, a medida que se desprende de aquellas pautas suyas, extrañas a las nuevas necesidades de acumulación capitalista. Se olvida de este modo, por ejemplo, que en los procesos de privatización, a pesar de que sea un fenómeno que se haya presentado como una especie de ataque unilateral de los grandes capitales privados sobre nuestros servicios públicos, será el propio Estado, independientemente de la buena o mala voluntad de sus gobernantes, en función de las exigencias de regulación del orden económico, el diseñador y ejecutor del desmantelamiento de los servicios públicos. Con ello no pretendemos obviar que no existan fuerzas políticas directamente hostiles hacia lo público, porque existen. Sin embargo, lo que al fin y al cabo queremos señalar aquí es que el Estado capitalista puede ser un Estado del bienestar solamente bajo determinadas condiciones, entre otras cosas porque la capacidad de gasto del Estado depende de las necesidades de acumulación de su economía. Por esto, como expresa Mario Aguiriano, «la socialdemocracia necesita que al capital le vaya bien para poder llevar a cabo sus promesas»[6]. Cabe considerar así que la propia promesa socialdemócrata de unos servicios públicos de calidad es, en el mejor de los casos, en una coyuntura definida por la crisis, una contradicción y, en el peor, una estafa. Ahora bien, el olvido de estas categorías políticas sólo puede comprenderse, en este ciclo de movilizaciones, si se advierte la dificultad de escapar del marco de subjetivización de las clases medias, cuya hegemonía ideológica a comienzos de siglo resulta incuestionable.

En todo caso, debe reconocerse la importancia de estas movilizaciones y la dignidad de quienes durante estos años lucharán contra lo que pretendía ser una reconversión neoliberal silenciosa del sistema universitario. Ahora bien, no debemos tampoco olvidar que este movimiento fue derrotado y que el EEE se acabó implantando y reforzando a través de sucesivas reformas. En primer lugar, para comprender cuáles son las coordenadas políticas internas a estos movimientos que operaron en su derrota y posterior disolución. Y, en segundo lugar, porque para saber qué es lo que se defiende y en qué términos se defiende después de esta sucesión de

---

[6] Mario Aguiriano, «La forma populista de la socialdemocracia», *Marx XXI - Contra la socialdemocracia (II)*. *Revista de Contracultura*, 2023.

transformaciones, necesitamos comprender –frente a las frecuentes idealizaciones de sus defensores– cuál es el estado actual, la fisonomía de la institución universitaria en nuestro presente. Y es que forma parte de la desorientación que producen las defensas socialdemócratas de la universidad pública no sólo obviar que esta se desenvuelve en un marco social capitalista donde desempeña determinadas funciones, sino, precisamente por los términos de esta defensa, idealizarla y eludir también las transformaciones que ha sufrido como resultado de sus sucesivos ataques. De este modo, resulta importante advertir que la universidad pública no se encuentra meramente asaltada desde fuera por la lógica mercantil, sino que constituye en nuestros días uno de los mecanismos más salvajes y crueles de producción de esta subjetividad meritocrática e individualista (considérese a este respecto la delirante lógica competitiva del currículum que impera en nuestras facultades, desde el estudiantado hasta su profesorado, por no mencionar otros aspectos como la reestructuración elitista de los estudios universitarios entre un grado y un máster, la degradación de la organización y el contenido teórico de los planes de estudio bajo formatos de aprendizaje de carácter empresarial, etc.). Si nos parece importante poner esto de manifiesto es porque lo contrario puede conducirnos a peligrosas naturalizaciones del marco universitario realmente existente, al mismo tiempo que puede servirnos en la clarificación interna de las tácticas y sentido general de nuestras luchas por los servicios públicos. Y es que sólo así, mediante esta perspectiva crítica, podrá rendirse el mejor homenaje posible al bagaje colectivo que nos ofrecen los distintos ciclos de luchas del «movimiento estudiantil», que no consiste sino en que estos puedan ofrecernos nuevos materiales de lucha con los que orientarnos, defendernos y combatir en nuestro presente.

Resulta también ineludible para nuestro análisis que dediquemos unas palabras al estallido y devenir del ciclo de movilizaciones abierto por la crisis del 2008, el 15-M y el surgimiento de la nueva socialdemocracia, con el que este ciclo de movilizaciones estudiantiles encontrará una continuidad. No en vano, muchos de sus aspectos elementales estarán contenidos embrionariamente en las distintas modulaciones del movimiento anti-Bolonia. Ahora, en la medida que se trata de un momento bastante complejo, pretendemos aquí limitarnos al señalamiento de algunas de sus claves que puedan sernos de mayor interés.

A partir de la crisis de 2008 se sanciona sin retorno el inicio del resquebrajamiento de todos los elementos que articulaban la base material sobre los que se había asentado, para una generación, el imaginario social de progreso y bienestar de las clases medias: crisis inmobiliaria, crisis del sistema de pensiones, crisis de los títulos educativos con los que realizar en el mercado laboral las expectativas depositadas en ellos… Un colapso generalizado de los mecanismos de reproducción del modelo social aspiracional y de integración de la población que se traducirá, por tanto, en una crisis del sistema político mismo. Encontramos así el estallido de grandes oleadas de malestar que tomaron distintas expresiones de lucha de enorme dimensión y combatividad, las cuales encontraron su epicentro en el 15-M en 2011 y en acontecimientos posteriores como «Rodea el Congreso» de 2012 y las «Marchas de la Dignidad» de 2014. Ahora bien, resulta fundamental advertir que la frustración generalizada por la corrupción, la incertidumbre, la desigualdad económica y el fracaso de la representación institucional adoptará una expresión inmediata y generalizada bajo las formas políticas de las clases medias. Pensemos, por ejemplo, en cómo la representación mediática de estos movimientos será la del joven activista con estudios universitarios. Sin embargo, es mucho más determinante comprender que la propia expresión de sus contenidos en los términos de una reivindicación de la democracia y la ciudadanía no es casual. Esta reivindicación contendrá de suyo elementos abiertamente conservadores, puesto que con ella, y esto es importante, se estaría más bien haciendo referencia a la necesidad de un perfeccionamiento del orden capitalista que, frente a su repentina desviación, volviese a garantizar una meritocracia real o auténtica que, de nuevo, reactivara e hiciera creíble la promesa de igualdad de oportunidades dentro de un programa marcadamente elitista. Por esta misma razón, dicho movimiento se mostrará incapaz de cuestionar el fundamento de los órdenes de distribución de riqueza y poder vigentes. Más que imaginar un nuevo orden político, se pedía acometer una regeneración democrática que nos permitiese restablecer un pasado obscenamente idealizado: un capitalismo con rostro humano, redistributivo y previsible. De este modo, estas movilizaciones masivas, con su carácter ideológicamente interclasista, sin programa explícito ni estructuras organizativas y con demandas políticas vagas bajo el marco ideológico de las clases medias, desembocarán en un vacío político que rápidamente encontrará voluntarios para llenarlo en una apuesta populista socialdemócrata representada por diversas expresiones políticas.

Estas expresiones, que en su momento prometieron y pretendieron «asaltar los cielos», terminarán rápidamente por abandonar dicho proyecto. Operando desde unas coordenadas de carácter exclusivamente reformista dentro de las lógicas del marco institucional, convertido en una mera máquina electoral sin ningún tejido organizativo democrático, se estrangulará entre su necesidad de generar incesantemente ilusiones y la miseria de sus conquistas parlamentarias, mientras sus dirigentes se entregarán al cinismo de presentar las migajas como grandes logros y los fracasos como éxitos. Aquello que fue un movimiento de masas se convertirá así muy pronto en un microcosmos de asambleas y colectivos fragmentados, con poca claridad estratégica y sin proyecto firme de futuro, oscilantes entre una desconfianza cada vez más creciente hacia la integración en los aparatos del Estado de la nueva socialdemocracia progresista y su voluntad de complementarla a nivel de la calle. No podemos olvidar que, en menos de cinco años, se pasará de impugnar el Régimen del 78 al «sólo queremos que se cumpla la Constitución». Ni tampoco, ya con estas fuerzas en el Gobierno, el empeoramiento de las condiciones de vida por la inflación, la subida de los alquileres, la no derogación de la Ley Mordaza, los mayores aumentos de gasto militar en la historia reciente de nuestro país… Cómo olvidar, en definitiva, su fracaso, como uno de los elementos que constituyen la base sobre la que debemos pensar cómo actuar en nuestra realidad.

V

El largo agotamiento y cierre de este ciclo político ha dado paso a un hastío, indiferencia y desencanto generalizados sobre los que brota ahora la incipiente hegemonía cultural de fuerzas políticas reaccionarias. Dentro de este cuadro de época, en el ámbito universitario, el movimiento estudiantil, prácticamente reducido a cenizas en ciudades como Madrid, atraviesa en nuestros días una situación de parálisis y desorientación estratégica. No sólo sigue atrapado en los mismos lugares comunes que dominaron dicho ciclo de luchas, manteniendo un discurso lleno de clichés, desactualizado y autocomplaciente, sino que, además, durante todo este tiempo, al menos en el contexto madrileño no se ha intentado siquiera reflexionar y extraer conclusiones del fracaso de una década de movilizaciones cuyo principal objetivo fue la reconstrucción del Estado del bienestar y de sus servicios públicos. Mientras tanto, cómo ignorarlo, el temblor producido por el desmoronamiento del Estado del bienestar y la crisis histórica del capitalismo se acusa cada vez con más fuerza en todas las esferas de nuestra vida, en un seísmo que por el momento sólo parece apuntar a la catástrofe.

Ahora bien, el propósito y el sentido de todas estas páginas es este: afirmar que debemos ser capaces de comprender las distintas razones que nos han llevado hasta donde nos encontramos para estar en condiciones de poder intervenir sobre nuestro futuro. Nuestra generación es probablemente la primera a la que esta crisis se le presenta como un destino inevitable –somos, en ese sentido, sus «hijos», decíamos al comienzo de nuestro texto–. Quienes tenían nuestra edad cuando buena parte de este país se echó a las calles durante el 15-M, si bien comenzaron a tematizarse así (recuérdese el colectivo Juventud sin Futuro), podían, sin embargo, aferrarse aún a la esperanza de recuperar un Estado del bienestar fuerte, del que, mal que bien, pudieron beneficiarse en algún momento como parte de una amplia clase media que, desde 2008, ha estado sumida en un profundo proceso de proletarización. Sin embargo, para muchas de nosotras, esa esperanza y su vehiculación político-organizativa socialdemócrata no nos resulta ya creíble. No sólo porque no sea fácil prometer su restauración a una generación que no ha conocido ya otro mundo que el del declive de este modelo político-social sino porque, en un contexto de endurecimiento generalizado de la vida, el malestar, resignación e incertidumbre que han marcado nuestra experiencia como generación, nos obligan a cuestionar también las bases de esa supuesta esperanza. En efecto, urge reconocer que, incluso cuando esto fue posible, no sólo desplegó internamente en sus respectivas naciones un marco de legitimación elitista de la división y desigualdad social, sino que el bienestar del que pudieron disfrutar distintos sectores de la clase trabajadora ni siquiera fue posible como anomalía más que a condición de asentarse sobre el dominio y sobreexplotación del resto de países de la periferia global, concediéndose bienestar a unos pocos a costa del sufrimiento de la mayoría.

De este modo, ante el carácter crepuscular de nuestra época, conscientes de la condición indeseable de las pretendidas certezas que ofrecen las tendencias político-culturales de resolución nostálgica de la crisis, así como de la inverosimilitud de los cantos de sirena socialdemócratas, no podemos sino celebrar que miles de jóvenes de diferentes entornos políticos y contextos territoriales a lo largo del Estado español estén comenzando a plantear la necesidad de recomponer el proyecto político socialista de superar, que no meramente reformar, el sistema capitalista[7]. No consideramos que pueda existir otra alternativa para hacer frente tanto al auge reaccionario, que parece constituir la última apuesta (en clave nacionalista, conservadora y autoritaria) a la que se aferra ahora la sociedad de clases medias frente a su proceso de colapso, como también a la impotencia socialdemócrata que siembra la frustra-

---

[7] En lo que constituye sin duda un vasto camino por recorrer, pero que parece estar comenzando a dar ya sus primerísimos frutos con la aparición de distintas organizaciones territoriales vinculadas a un incipiente Movimiento Socialista en todos nuestros territorios.

ción y hastío sobre la que este se despliega. El devenir de los acontecimientos nos ha situado así en un momento histórico en el que la disyuntiva entre «socialismo o barbarie» se muestra inquietantemente cada vez más como lo que, a pesar de lo que pudo parecer, siempre fueron los términos de la partida: una delimitación de cuáles son los dos únicos caminos que nuestra sociedad puede transitar bajo coordenadas sociales capitalistas. En este sentido, una de las tareas más importantes que tenemos por delante es que, desde la ruptura generacional que atravesamos y que se reproduce en el interior de nuestra clase, seamos capaces de hacer comprensible esto al resto de sus sectores integrantes.

Desde esta perspectiva, es importante que volvamos a hacer énfasis en lo que ha constituido una de las principales limitaciones del movimiento estudiantil: el carácter problemático de su defensa incondicional y acrítica de la educación pública. Una reivindicación que, en su idealización de carácter socialdemócrata como una suerte de «isla de socialismo», obvia, con rendimientos políticos nefastos, su posición de subordinación estructural dentro del marco de la reproducción social del sistema capitalista, contribuyendo tanto a la imposibilidad de capturar para sí los elementos reales de resistencia que deban defenderse dentro esta institución, como a la desorientación respecto de los objetivos y tácticas del movimiento. Por supuesto que debemos comprender que la existencia de unos servicios públicos fuertes es esencial para asegurar mejores condiciones de existencia para nuestra clase. De lo que se trata, en este sentido, es de que seamos capaces de unir la reivindicación de la construcción de unos medios políticos y organizativos que permitan la superación del capitalismo con la defensa del derecho de la clase trabajadora a una formación y a unas condiciones de estudio y trabajo dignas. Y ello va de la mano del señalamiento de las limitaciones e incoherencias del discurso socialdemócrata sobre la educación pública como institución social para cumplir este último fin, sin que ello implique que debamos ceder ni un milímetro ante las tendencias de privatización y mercantilización que la están destruyendo.

Para nuestro contexto más inmediato de luchas por la universidad pública, nos gustaría cerrar este texto remitiéndonos a algunas de las claves tácticas expuestas en este sentido por Marta Hernández, a raíz de la manifestación del 23-F en defensa de la educación pública[8], quien partirá de las preguntas: ¿cómo evitar ser meros espectadores insatisfechos en este juego de sombras de los diversos partidos del régimen?, ¿cómo hacer de la movilización por la defensa de la educación pública un paso hacia la organización independiente de la clase trabajadora?

De entre todas las lecciones que hemos podido extraer del fracaso de los pasados ciclos de movilizaciones, hemos de comenzar teniendo presente que, si no nos hacemos responsables de hacer la lucha política, otros lo harán por nosotras, y que serán precisamente aquellos que, a pesar de su retórica progresista, representan opciones profundamente leales al mantenimiento del orden político capitalista. Frente a la previsible instrumentalización y absorción del movimiento por parte del ala izquierda del capital dentro del juego electoralista, hemos de ser capaces de garantizar la independencia ideológica de nuestra lucha. Una tarea que sólo será posible a través del establecimiento de unos principios organizativos y políticos claros. Tenemos así que combatir tanto la tendencia al antipoliticismo como las prácticas burocráticas de algunas organizaciones, que consisten en el despliegue de toda clase de maniobras para controlar los espacios de discusión y que terminan confluyendo, ambas, en prácticas antidemocráticas que siembran la desconfianza entre diferentes sectores del movimiento y entorpecen su funcionamiento, ampliación y desarrollo necesariamente democrático. Es necesario, por tanto, aceptar y normalizar la existencia de distintas corrientes políticas dentro del movimiento, promoviendo el debate para que se expresen sus diferencias con transparencia y sancionando a quienes usen maniobras para bloquear su desarrollo. Por otro lado, hemos de ser capaces de desplegar una labor de conexión entre los distintos intereses particulares y escindidos de la

---

8 [https://contracultura.cc/2025/02/27/apuntes-manifestacion-23f/].

comunidad educativa, haciendo ver no sólo el modo en que este proceso de privatización les afecta conjuntamente, sino también el proceso general de desmoronamiento del Estado del bienestar y la crisis histórica del capitalismo al que obedece, mostrando su carácter como conflicto de clase y evitando proporcionar lecturas meramente economicistas y corporativistas del conflicto.

Consideramos que, así pertrechados, podremos a su vez ser capaces de evitar hundirnos en la tendencia del «movimiento estudiantil» de reproducir inercialmente, al igual que Sísifo condenado a cargar una roca empeñada en caer una y otra vez, el esquema indignación-mediatización-huelga-frustración-disolución que ha definido sus conflictos en las pasadas décadas, fuente tanto de la inmensa quemazón de sus militantes como de la ausencia de continuidad del movimiento. En efecto, su incapacidad organizativo-política para consolidarse y definir estratégicamente una agenda propia, dado el carácter frenético de los ritmos de estas luchas (dependientes en gran medida de las autoridades políticas y académicas dentro del contexto mediático), resulta catastrófica. En su ausencia, estamos condenados a ser rehenes de unas formas políticas de carácter completamente reactivo o defensivo vinculadas a su vez a una lógica perpetua del «hacer cosas» a merced de la agenda mediática. Unos ritmos que constituyen un terreno abonado para la práctica política socialdemócrata en el movimiento estudiantil, que se permite hacer un llamamiento abstracto a la superación del capitalismo como fin último de sus luchas, mientras que su praxis política consiste en el mero tacticismo, inmediatismo y efectismo, impidiendo cohesionarnos ideológicamente, diseñar una hoja de ruta para alcanzar nuestros objetivos y poder, por tanto, construir unos mimbres que garanticen la continuidad del movimiento en sus momentos de *impasse*. Por estas razones, consideramos que no sólo es determinante una apuesta firme por la construcción de unas bases organizativas democráticas, sino que debemos aspirar a conectar de forma coherente nuestros fines con nuestros medios, la lucha por el socialismo con la lucha por las mejoras inmediatas. Con ello no pretendemos presuponer la existencia de algo así como un manual de instrucciones, sino, al contrario, actuar desde una constante interpelación a atender a las condiciones concretas de cada espacio y conflicto para conjugarlas con el objetivo estratégico a largo plazo de la lucha por la superación del capitalismo. En el camino hacia ese horizonte estratégico debemos huir, pues, de un maximalismo abstracto e impotente y de un posibilismo reformista, dos orillas en las que han naufragado muchas organizaciones comunistas durante las últimas décadas.

Sólo de este modo pensamos que podemos asegurar unas condiciones que garanticen que lograr avances en esta lucha permita a su vez comenzar a consolidar la organización de la clase trabajadora y garantizar su independencia política, al mismo tiempo que contribuyen a un cambio cultural, combatiendo las narrativas reaccionarias y reformistas de la crisis.

No hay aún alternativa, eso es cierto: su construcción depende de todas nosotras, en una tarea realmente inmensa que tiene todo por delante. Y ello no sólo por la vastedad de las fuerzas que gobiernan nuestro mundo, sino porque partimos de la derrota, no sólo política sino, aún más importante, cultural, de la lucha por el socialismo, debiendo enfrentarnos al triunfo de una racionalidad neoliberal que ha fortalecido el capitalismo desde dentro, desde los propios cuerpos y su deseo. Ahora bien, cada paso que avancemos en el sentido que estábamos exponiendo, por muy pequeño que sea, será un paso más que nos acerque al objetivo de reconstruir política, ideológica y organizativamente a nuestra clase. Por todas estas razones, nos gustaría concluir haciendo una interpelación a todas las trabajadoras y estudiantes que están organizándose contra las últimas ofensivas que amenazan la universidad pública, una interpelación a todos aquellos que aún se niegan a resignarse a una vida en la que (cada vez más) todo parecen ser golpes: es fundamental que desde nuestro momento presente seamos capaces de hacer un balance sobre los acontecimientos que nos han conducido a estar donde estamos y que reflexionemos acerca de cuáles son los fines y medios que deben articular este proceso de luchas. Nos va mucho en ello. Quizá todo.

CAPÍTULO XI

La universidad pública, garante de la igualdad formal y de la igualdad material

JUAN ANTONIO FERNÁNDEZ MANZANO
Y AGUSTÍN JOSÉ MENÉNDEZ MENÉNDEZ

El tema de este capítulo es el de la relación entre igualdad y universidad pública. Nuestra tesis es que, sin una universidad pública fuerte y autónoma, es imposible garantizar no sólo la igualdad material, sino la misma igualdad formal. Sin la universidad pública no puede crearse y mantenerse una sociedad de libres e iguales. En la primera parte consideramos qué tipo de sistema universitario es necesario si nos tomamos en serio la igualdad formal (la igualdad ante la ley, la igualdad de oportunidades). En la segunda, detallamos por qué una sociedad que se fija como objetivo remover los obstáculos que dificultan el camino hacia la igualdad real y sustantiva, la igualdad material, debe redoblar sus esfuerzos por la universidad pública. En las conclusiones, sintetizamos las razones por las que la privatización de las universidades, un proceso a velocidad de crucero en el sistema español, amenaza décadas de conquistas sociales, políticas, económicas y culturales.

LA IGUALDAD FORMAL

Uno de los motivos recurrentes en los ataques a las universidades públicas es que se trata de instituciones que no respetan la pluralidad fundamental de sus estudiantes, que son estructuras que tienden al adoctrinamiento y, por tanto, incapaces de atender a las necesidades de los estudiantes en tanto que individuos. Y ello, claro, a diferencia de lo que sería el caso de las universidades privadas. Mientras que las públicas somos rígidas e innecesariamente homogeneizadoras, las privadas son «flexibles» y se adaptan a las necesidades de los y las estudiantes. Por eso, sólo estas últimas están realmente en sintonía con la celebración del carácter plural de nuestras sociedades, pobladas por grupos, colectivos y, sobre todo, individuos muy diversos. La pluralidad de perspectivas e historias vitales, así como los heterogéneos valores y claves de interpretación de la realidad hacen estructuralmente inferiores a las instituciones que se empeñan en tratar a todos y a todas del mismo modo. Por eso, esta retórica insiste en que necesitamos universidades nuevas, «centradas en ti», donde la formación y los estudios se realicen «a la carta» y donde la financiación no derive de los «coercitivos» impuestos, sino del pago voluntario por parte de los y las estudiantes (aunque, en la realidad sociológica, la publicidad se dirija tantas veces a los padres y las madres).

Esta crítica se basa en una representación falsa de lo que son las universidades públicas y de cómo se forman en ellas los estudiantes, al oponer innecesariamente pluralismo e igualdad. Detrás de un discurso engañosamente pluralista se esconde en realidad un ataque en toda regla a la igualdad como valor fundacional no sólo de nuestro sistema político y constitucional sino también educativo. Un valor que trata de socavarse no mediante un asalto frontal, perdido de antemano, sino mediante maniobras laterales, que nos hacen olvidar que la posibilidad misma de la vida democrática y del respeto de la individualidad es que nos reconozcamos los unos y las otras como iguales. En este primer apartado vamos, pues, a defender la importancia de que la universidad se coloque abiertamente a favor de la defensa de la igualdad, entendida ahora como igualdad formal, como igualdad ante la ley. Para ello, sostendremos, son necesarias dos cosas. La primera, que nos tomemos tan en serio las universidades que las coloquemos *fuera del comercio*, rechazando cualquier intento de reducirlas a una mera empresa mercantil. La segunda, que exista un claro compromiso institucional a favor de las universidades públicas, que debe traducirse en el reconocimiento pleno de su autonomía, también financiera.

El reconocimiento mutuo como iguales es el pilar básico de nuestro contrato social

Nuestro punto de partida es una observación básica. Nadie puede manifestarse públicamente y sin sonrojo en contra de la igualdad. Las dificultades, sin embargo, se multiplican desde el momento en que tratamos de aclarar qué es la igualdad, quiénes son los iguales y con respecto a qué deben ser iguales. Esas son las tres dimensiones claves de la igualdad, como nos ha enseñado el filósofo turinés Norberto Bobbio, heredero cultural de la resistencia italiana contra el fascismo. No es casualidad que sean las tres en torno a las cuales se articulan la mayor parte de nuestros debates políticos, tantas veces ásperos. Sin embargo, si seguimos razonando, observaremos que la propia práctica social de la discusión, presupone que nos reconocemos como seres moralmente iguales. En efecto, otros grandes filósofos políticos, entre ellos Jürgen Habermas y Robert Alexy, nos recuerdan que en nuestras prácticas sociales es constante tanto formular pretensiones de que algo es correcto o incorrecto como dar razones de ello. Pero, cuando actuamos de ese modo, estamos asumiendo no sólo que los otros y las otras pueden atender a razones, sino que pueden ofrecernos otras razones para actuar de forma distinta. Desde una tradición diferente, pero en buena medida equivalente, John Rawls insistió también en que nuestra práctica moral colectiva se sustenta en el reconocimiento mutuo de la igualdad. No sólo lo dicen nuestras constituciones, sino las mucho más modestas, pero igualmente reveladoras, normas de cortesía. En los saludos y en buena parte de los usos sociales se manifiesta algo más profundo que lo meramente protocolario: a saber, la necesidad del reconocimiento y el respeto mutuo que los y las iguales se muestran entre sí. Por supuesto, encontramos pruebas aún más netas de este reconocimiento implícito cuando nos fijamos en cómo interactuamos cuando queremos coordinarnos para lograr un objetivo común, o cuando se trata de resolver un conflicto o una disputa. Merece la pena repetirlo: la propensión a argumentar, a ofrecer razones, es característica universal de los seres humanos. En este sentido, suele olvidarse que Adam Smith no sólo es el teórico al que debemos la imagen de la mano invisible del mercado, sino que el filósofo escocés concibió también la imagen de la mano invisible de la simpatía, previa a la anterior. En términos más literarios y elocuentes, Antonio Machado captaba este principio normativo recogiendo el concentrado de saber popular igualitarista del dicho castellano «nadie es más que nadie». Una síntesis que engloba al tiempo tanto la modestia como el orgullo. Modestia, porque saberse no más que cualquier otro es un antídoto contra la vanidad del despreciable «señoritismo» hispano; orgullo, porque reconocer que no hay nadie que pueda colocarse por encima del resto nos eleva conjuntamente y nos convierte no en un pueblo de amos, porque en este caso no hay sirvientes a los que mandar, sino en un pueblo de mujeres y hombres iguales y libres, cosoberanos de una república de iguales.

Por tanto, el reconocimiento mutuo como iguales no sólo es necesario, no sólo es posible, sino que es parte fundamental de la estructura de nuestras sociedades. Con eso hemos refutado los elogios «bobos» de lo privado. El pluralismo no está reñido con la igualdad; antes al contrario: que nos reconozcamos como esencialmente iguales va de la mano de que nos imaginemos individuos y, por tanto, diferentes en nuestras preferencias y proyectos vitales. Cuando se pretende otra cosa, en realidad se está luchando por una forma de desigualdad que nos retrotrae al mundo sin derechos previo a las revoluciones de finales del siglo XVIII.

¿Qué universidad se requiere si queremos reconocer nuestro compromiso con la igualdad formal?

¿Qué consecuencias se derivan del valor fundamental de la igualdad formal en lo que concierne a la educación, la investigación y la cultura, las tres grandes misiones de la universidad en una sociedad que no sólo es plural sino también democrática? A nuestro juicio, esencialmente dos.

La primera, que la universidad no puede ser concebida como un negocio, y ello al menos por dos razones. Una apunta a la importancia del sistema educativo en su conjunto en la sociedad, especialmente en su reproducción a lo largo del tiempo. Eso implica que el acceso a los estudios debe desligarse de los medios económicos de que dispongan los y las estudiantes, lo cual exige la financiación pública de la educación, incluida la universitaria. Si ese debe ser un fin fundamental, existen razones de peso para excluir el lucro mediante la «provisión» del «servicio» de la enseñanza. Otra, muy relacionada con la anterior pero distinta, es que el papel fundamental que debe darse a la reconciliación de la pluralidad con la igualdad no puede quedar condicionado a los imperativos de asegurar, año tras año, beneficios a los accionistas. Los y las estudiantes, los y las profesoras, los y las investigadores no deben ni pueden ser meros clientes y/o proveedores de servicios. O, si se prefiere otra terminología, factores de producción de una industria de producción de títulos. Se trata de una tarea tan fundamental y delicada que hay que asegurar a toda costa que ese objetivo se logra y no queda subordinado al imperativo del lucro económico. La educación debe colocarse *fuera del comercio*, fuera del ámbito en el que es lícito apropiarse de beneficios económicos. No se trata meramente de instruir, se trata de educar y, al hacerlo, de reproducir las condiciones que hacen posible el Estado social y democrático de derecho. Algo tan importante, con un impacto tan duradero sobre nuestras sociedades, no puede quedar al albur de la rentabilidad cortoplacista propia de quien invierte el dinero por la mera voluntad de obtener un beneficio. Por eso hace ya tiempo que en nuestra discusión pública, en relación con todos los niveles educativos, deberíamos haber convertido en parteaguas fundamental la distinción entre las instituciones educativas sin ánimo de lucro, las que debemos proteger, y las motivadas por la ganancia, que, la experiencia comparada nos lo indica, se muestran, en el mejor de los casos, como meras máquinas de expedir títulos. De igual modo, sería bueno que, en lugar de distinguir entre universidades «buenas y malas», como nos propone, por ejemplo, Pilar Alegría, ministra de Educación, tuviéramos el coraje de afirmar, explícitamente, que un requisito fundamental (aunque no suficiente) para que una universidad sea buena es que su único fin sea el de la excelencia en la investigación, en la enseñanza y en la divulgación del conocimiento. O, dicho brevemente, que no tenga ánimo de lucro.

Nada de lo que acabamos de decir es excéntrico, sino que responde fielmente a la que ha sido la práctica social en Europa, donde lo que es estrafalario (aunque se pretenda normalizar en estos últimos tiempos) es pensar en la universidad como si se tratara de una mera empresa mercantil, cuya primera y fundamental libertad fuera, precisamente, la libertad de *emprender*. Cuando hablamos de universidad, la libertad decisiva no es la libertad de empresa sino la libertad académica, contigua con la libertad ideológica y que procede de la libertad religiosa. Eso es lo que, basta leerla, dice también la Constitución Española.

La segunda es que la espina dorsal del sistema universitario en un sistema democrático debe ser la universidad pública. Pública no quiere decir, claro está, universidad «del Estado» (o de los Estados en miniatura que son las Comunidades Autónomas), menos aún «del Gobierno» de turno. Quiere decir universidad de todos y todas, una universidad de la sociedad que la sustenta y alienta, y al servicio de la cual desarrolla las misiones que tiene encomendadas, y aquí volvemos a distinguir entre valor de mercado y valor social. Eso exige, permítasenos recordarlo, la garantía institucional de la autonomía universitaria, como es el caso en la Constitución Española (broche de cierre del artículo 27). Para que la sociedad sea libre, se necesita una universidad libre y, para que la universidad sea libre, la espina dorsal del sistema universitario debe estar conformada por universidades públicas, con autogobierno de sus instituciones y actividades, pero también con suficiencia financiera, de modo que la misión de la universidad no quede al albur de los humores y filias políticas o empresariales.

Pero la igualdad formal, siendo fundamental, no es suficiente. Nuestra Constitución no se limita a asegurar que nos reconozcamos en nuestras leyes como iguales. En su artículo 9.2 se impone a los «poderes públicos» la tarea de «promover las condiciones para que la libertad y la igualdad del individuo y de los grupos en que se integra sean reales y efectivas», lo que exige, como se dice expresamente, «remover los obstáculos que impidan o dificulten su plenitud y facilitar la participación de todos los ciudadanos en la vida política, económica, cultural y social». No basta con que seamos iguales formalmente, debemos serlo de forma «real y efectiva».

¿Qué consecuencias se derivan de esta exigencia a la hora de deliberar sobre cómo estructurar nuestras universidades?

Podríamos pensar, y tendríamos buenas razones históricas para ello, que la capacidad de imaginar a los demás como iguales y de reconocerlos como tales en la realidad social se difunde y arraiga a la misma velocidad que aumenta el nivel de estudios de la población. En particular, los treinta gloriosos, las tres décadas posteriores a la Segunda Guerra Mundial, fueron un periodo en el que la democracia se consolidó en Europa y las desigualdades decrecieron, al tiempo que se universalizaba la educación secundaria y las universidades dejaban de ser instituciones de elite para convertirse en instituciones donde amplísimas capas de la sociedad completaban sus estudios y realizaban sus primeras investigaciones. La democracia llegó muy tarde a España, pero, aun con retraso, esos son los grandes rasgos de nuestra trayectoria. La fragilidad de nuestra Segunda República tuvo mucho que ver con las graves fracturas sociales propias de un país brutalmente desigual, también a resultas de un bajo nivel educativo. Que nuestra Constitución de 1978 haya tenido mejor suerte que las leyes fundamentales de nuestras dos repúblicas también guarda relación con la mayor homogeneidad social facilitada por la elevación del nivel de estudios medio.

Esa correlación, sin embargo, es más evidente en lo que atañe a la educación primaria y a la educación secundaria que a la universidad. Y es que, mientras que en la primaria y en la secundaria es imaginable el acceso universal, tal objetivo no es ni realista ni augurable en la universidad.

Con ello no estamos afirmando, ni mucho menos, que sobren estudiantes en nuestras universidades o, aún menos, que sea deseable el retorno a la universidad de elites, donde sólo unos pocos tienen acceso al saber. Nuestra experiencia como docentes apunta en la dirección opuesta. Somos conscientes de que en todas nuestras clases faltan personas, muchas y muchos ciudadanas y ciudadanos que no pueden, pese a que querrían, cursar estudios universitarios, sencillamente porque no pueden permitírselo. Porque faltan becas, cuyo incremento se queda corto frente al aumento del coste de la vida en casi todas las ciudades universitarias por mor de la enésima burbuja inmobiliaria.

Por eso nuestro argumento es otro. No tendría sentido esperar que todas y todos quieran tener formación universitaria. Es evidente que la formación profesional es tan necesaria como la universitaria. Por eso, las sociedades en las que se alcanza un 50% de población con estudios universitarios puede que rocen el límite máximo de lo que cabe esperar en términos de acceso a la educación superior.

Pero, si es así, corremos el riesgo de que el título universitario se convierta en un discriminante social y económico, más allá de cualquier fundamento objetivo en términos del esfuerzo necesario para obtener la titulación y de la capacidad y competencia que refleja el mismo. Como ha puesto de relieve Emmanuel Todd, la desigualdad que se genera de este modo es potencialmente más perniciosa que la que se deriva de un sistema con educación secundaria universal y una universidad elitista, en la que sólo un porcentaje muy pequeño cursa estudios universitarios. Mientras que, en la primera sociedad, la inmensa mayoría de los ciudadanos tienen razones para verse como iguales, en la segunda cabría la posibilidad de que los universitarios se sintieran tentados de sentirse «superiores», al tiempo que quienes teniendo estudios no alcanzan la universidad podrían propender a considerar a las elites con grado y máster como una nueva casta. Thomas Piketty y Julia Cagé han puesto de relieve, sobre la base de datos empíricos, cómo esta divisoria ha reconfigurado ya el mapa político, lo que explica el éxito electoral de figuras tan diferentes en tantos aspectos como Donald Trump y Marine Le Pen.

Para eludir ese riesgo, para hacer la igualdad real y tangible, es fundamental de nuevo la universidad pública, que garantice que tanto la enseñanza superior como la investigación están comprometidas con la *igualdad material*. Y ello por tres razones, que consideramos en detalle: la capacidad de la universidad pública (y sólo de la pública) de insertarse en su sociedad; la capacidad de permanecer abierta al mundo; y, finalmente, ser una universidad para todos y todas, no orientada a formar elites que dominen a las mayorías, sino ciudadanas y ciudadanos.

Una universidad inserta en su sociedad...

Una universidad que quiere contribuir a la realización de la igualdad material debe insertarse en la sociedad de la que es parte. Por eso es tan importante la función de los Consejos Sociales, algo que, no obstante, se viene malinterpretando desde hace décadas, en un doble sentido. Primero, porque se tiende a pensar en la relación en términos instrumentales, restringida al logro de mayores tasas de «empleabilidad» de los y las estudiantes, por lo que respecta a la universidad, y de mayor «competitividad» por parte de las empresas, que buscan asegurarse un «caladero» de mano de obra altamente formada. Segundo, porque los intereses sociales se definen mediante referencia exclusiva a los empresarios privados, como si una función central de la universidad no fuese también la de formar a quienes desempeñan empleos públicos, ya sean médicos/as, enfermeros/as, jueces y juezas, docentes en todos los niveles de las enseñanzas o responsables de la gestión de los servicios públicos. Por eso, los Consejos Sociales deben ser entendidos como la expresión institucional del enraizamiento de la universidad en la sociedad, en *toda la sociedad*, y tender puentes que permitan a los y las universitarios y universitarias cumplir con su vocación social. Además, no basta con los Consejos Sociales. La universidad (y los universitarios y las universitarias) debe ponerse al servicio de toda la sociedad; o lo que es lo mismo, la universidad debe tener una fuerte vocación de servicio social. Eso exige desarrollar potentes programas de *extensión universitaria*, con su ambición de hacer universidad fuera de las aulas para permitir que quienes no son sus miembros puedan participar del conocimiento y de las experiencias universitarias. Si en la universidad de finales del siglo xix la prioridad era llegar a los obreros, ese objetivo debe ampliarse, focalizándose, antes como ahora, en los más débiles, en los más desprotegidos en nuestras sociedades.

Del mismo modo, la universidad debe tomar en serio las preocupaciones y los problemas de la sociedad de la que forma parte, debe estar dispuesta siempre a acoger esas discusiones y a participar en ellas. Los universitarios deben vivir en la ciudad. Por eso forma parte de la misión de los universitarios y las universitarias no sólo educar y ser educados e investigar, sino también participar activamente en la formación cultural. Las universidades tienen que estar dispuestas a formar a sus estudiantes de grado, máster y doctorado, y a desempeñar una función decisiva contribuyendo a la discusión pública general, valiéndose de los medios de comunicación de masas y de los nuevos medios personalizados para *divulgar* no sólo el conocimiento adquirido, sino la *mentalidad democrática* favorecida por la formación universitaria.

Permítasenos añadir que la vocación social no atañe únicamente a los cargos directivos de la universidad, o a estos y a sus profesores. Es esencial que los y las estudiantes adquieran conciencia de que, tanto durante sus estudios como una vez finalizados los mismos, tienen el deber de compartir su experiencia con el resto de la sociedad. Las instituciones, y no exclusivamente las universitarias, deben fomentar el voluntariado universitario, modernizando y generalizando las misiones universitarias. Alcanzado el grado, el máster o el doctorado, los ya exuniversitarios y exuniversitarias deben contribuir, como parte de la ciudadanía y también desde sus puestos de trabajo a fomentar los valores propios de la universidad, que son los valores centrales del Estado democrático y social de derecho. Algo especialmente cierto, claro está, en el caso de quienes ejerzan como docentes en los distintos niveles de la enseñanza.

... pero también abierta al mundo

Acabamos de subrayar que es necesario que la universidad evite convertirse en una torre de marfil nostálgica de los tiempos en los que los universitarios (casi siempre ellos) eran una minoría carente de verdaderas responsabilidades sociales. Este objetivo exige que la universidad esté arraigada en la sociedad de la que surge y que la hace posible. Pero las raíces son perfectamente compatibles con la apertura al exterior. Por ello los universitarios y las universitarias deben entenderse a sí mismos como ciudadanos y ciudadanas de las sociedades en las que se están formando y también como integrantes de la república de las letras y del conocimiento. Una república que no conoce fronteras y que debe desempeñar una función fundamental en las vías de la paz y la concordia. Como recordara en su momento Umberto Eco, la idea misma de Europa surge con las primeras universidades, a las que acuden estudiosos de todos los rincones del continente. Aunque no solemos recordarlo, la universidad republicana, especialmente a partir de 1933, hizo esfuerzos notables por prestar refugio y asilo a los perseguidos por el nazismo. El antecedente inmediato de nuestra institución (la Universidad Central, «precedente» de la Complutense) prestó cobijo a dos figuras claves del pensamiento social europeo y universal, Herman Heller y Hans Morgenthau. De hecho, los periodos de cierre localista y/o nacionalista de la universidad han coincidido con los intentos de instrumentalizarla al servicio del poder.

Una universidad para todos y todas, no para las elites (ni para formar elites)

La universidad debe estar abierta a todos y a todas aquellas que deseen cursar estudios a ese nivel y estén en condiciones de hacerlo. En este sentido, la igualdad material exige algo más que la igualdad formal. No basta con que la formación universitaria se encamine a lograr las mejores elites de acuerdo con criterios de mérito y de capacidad. Se requiere algo más, a saber, un amplio acceso a la formación universitaria, sin el que no es posible generalizar la formación universitaria en el contexto de una sociedad abierta. En este sentido, la metáfora del «ascensor social» plasma mal una intuición correcta. Es un logro indudable superar tanto las sociedades de castas como las de clases, en las que el conocimiento es una forma de propiedad heredable. Pero se plasma mal esta idea cuando se asume que de lo que se trata es de hacer «subir de piso» (es decir, de clase) a los universitarios y a las universitarias menos afortunados económicamente. Algo que implica necesariamente que el proyecto de salvación sea esencialmente «individual», en tanto que presupone que, mientras algunos y algunas «se elevan», la estructura de la sociedad sigue semejándose a un bloque de pisos, donde siempre habrá otros que permanezcan «abajo». Para que esto no sea así, resulta evidente que no sólo debe estar garantizado el acceso a los estudios universitarios con independencia de los niveles de renta personales o familiares, sino la posibilidad existencial de seguir dichos estudios, que cada vez depende en mayor medida de los medios con los que afrontar el coste de la vivienda y el mantenimiento, debido a la escasez galopante de habitaciones en residencias universitarias públicas. Si no se logra este objetivo, es evidente que el acceso a la formación universitaria pasa a depender del nivel de renta y recursos sociales familiar. Bastan dos generaciones en las que se repitan esas circunstancias para que de una sociedad de clases nos convirtamos de hecho en una sociedad de castas, en la que las posiciones sociales se convierten en ineludiblemente hereditarias.

CONCLUSIÓN: LA UNIVERSIDAD COMO BIEN INDIVIDUAL Y COMO BIEN COMÚN. ¿POR QUÉ LA UNIVERSIDAD PÚBLICA ES IMPRESCINDIBLE?

La universidad pública es inseparable de la igualdad. Si contar con oportunidades significa eliminar los obstáculos que impiden el acceso a un bien, no hay duda de que la educación pública, desde la infantil hasta la universitaria, democratiza el acceso al conocimiento y elimina las barreras que impone la ignorancia. La universidad abre posibilidades a la formación superior y permite el cultivo de facultades cada vez más complejas, lo cual es un componente fundamental en el desarrollo integral de las personas a lo largo de toda su vida que incide en su sentido del autorrespeto. Asimismo, las universidades públicas son lugares de encuentro entre diferentes, no marcadas por la pertenencia a una clase o un ideario, lo cual es vivencial y socialmente enriquecedor.

Pero, además, una sociedad que cuida sus centros de formación, investigación y transferencia, y permite a su ciudadanía capacitarse en el grado educativo que consideren oportuno, no sólo está posibilitando un bien personal a sus beneficiarios, sino que también está realizando una inversión pública que contribuye a generar una sociedad más igualitaria y autónoma, con una ciudadanía crítica más formada, comprometida con la democracia y el bien común, y más competente, con lo que se aumentan las posibilidades de desarrollo social, económico y cultural.

En función de ambos tipos de argumentos, la producción y transmisión institucionalizada de conocimiento y valores, la universidad ha de ser considerada como un bien común público merecedor de protección especial, cuya financiación ha de ser tomada como una inversión en el sentido pleno de la palabra y, por tanto, no reducible a criterios mercantiles cortoplacistas.

Esos objetivos son metas inalcanzables si la universidad se degrada a un bien de mercado más, apelando a argumentos neoliberales como el de la libertad para la elección de variados modelos educativos o el de la aparentemente inocua colaboración público-

189

privada. De ese modo, primero, se desnaturaliza la esencia abierta de la universidad y se la convierte en una institución elitista. Incluso en universidades privadas de reconocido prestigio como las de la Ivy League estadounidense, a pesar de contar con sistemas de becas, es constatable que entre su alumnado hay más estudiantes procedentes del 1% más favorecido económicamente que del 50% más desfavorecido, como han denunciado, entre otros, Piketty y Sandel. Además, segundo, supone una dejación de funciones de las autoridades públicas, cuya labor debería ser la de centrarse en garantizar la financiación y el mantenimiento de una educación superior inclusiva y de la mejor calidad, y no en una proliferación de entidades privadas dispuestas a absorber fondos, estudiantes y recursos del Estado que acaba debilitando el sistema público. A eso se añade, tercero, que la renuncia a sostener la universidad pública implica un despilfarro del capital acumulado por la sociedad. Nos referimos a las conquistas que, a través de intensas luchas sociales y políticas, lograron arrebatar de las manos privadas de unos pocos lo que se consideraba que eran bienes comunes y servicios de primera necesidad y que, en diferentes oleadas, dieron como resultado –entre otros– un modelo de universidad pública de calidad que supuso una ruptura con el modelo elitista. Si todo ello fuera poco, hemos de añadir, cuarto punto, que, cuando se someten a patrones de mercantilización, las motivaciones intrínsecas de las instituciones y el personal universitario se desvirtúan, pasando a comportarse como empresas, empleados y clientes, y perdiendo de vista la motivación intrínseca que hay en la adquisición y la transmisión del saber, lo cual, por su parte, introduce una lógica perversa que abre la puerta al nepotismo y la corrupción. En quinto lugar, es inevitable que las universidades con ánimo de lucro tiendan a la mercantilización del conocimiento y no a la excelencia científica o al logro de fines sociales. Su objetivo no es proporcionar saberes a la sociedad, sino mantener saneadas sus cuentas y aumentar los beneficios, de modo que carecen de razones para mantener abiertos grados y planes de estudios con poca demanda de «clientes». Del mismo modo, tenderán a suprimir líneas de investigación de las que no se derive una rentabilidad económica inmediata –pensemos en las artes, la literatura, el fomento del pensamiento democrático–; penalizarán o suprimirán equipos de investigación con voces críticas que puedan perjudicar a las empresas que los financian, y tampoco tendrán incentivos, sino más bien lo contrario, para defender, proteger y reforzar una de las esencias universitarias, la libertad de expresión, imprescindible para el intercambio y la exploración desprejuiciada de nuevas ideas y el cuestionamiento crítico de prejuicios o creencias. En suma, los intereses sociales y los fines propios de la universidad como institución quedarán subordinados a los intereses del capital privado. Por último, sexto, defender objetivos ambiciosos para la universidad pública en clave igualitarista es, además, fundamental si se quiere defender la democracia. Es lugar común en culturas cada vez más mercantilizadas y competitivas apelar al sistema educativo público, en ausencia de otras instancias, como el único bastión en pie desde el que alcanzar la justicia social. Desde luego, no es realista descargar sobre los hombros de la enseñanza pública la hercúlea tarea de erradicar la desigualdad material y de oportunidades de nuestras sociedades, que debería orientar no sólo el sistema educativo sino también, de manera transversal, el resto de instituciones políticas, sociales y económicas, pero dejar a su suerte la educación pública, incluida la universitaria, implica claudicar en la esperanza de que una sociedad democrática pueda mantener espacios con poder igualitario y democrático, centrados en el bien común. Tal dinámica llevaría a seguir cediendo terreno, sin mediar debate público, al reduccionista *ethos* neoliberal y a sus supuestamente asépticos y neutrales mecanismos del mercado, jibarizadores de todo espacio público y hostiles hacia las áreas no destinadas al consumo. De ahí la importancia global de la cuestión, porque lo que está en juego en última instancia es la propia capacidad de una comunidad política de plantearse el tipo de sociedad que por acción u omisión está generando para poder dirigir su propio destino autónomamente por medios deliberativos e igualitarios, esto es, democráticos.

CAPÍTULO XII

El retorno de las Humanidades y el futuro de Europa

CLARA RAMAS SAN MIGUEL

DE MAPAS Y TERRITORIOS

Cada vez se vuelve más difícil cumplir la promesa que parecía encerrar el bello título de aquella novela de Michel Houellebecq, *El mapa y el territorio*. La tarea de cartografiar nuestra propia situación parece más difícil que nunca, pero nunca hemos estado más ávidos de un mapa para orientarnos. Si aún hacen fortuna las metáforas espaciales es porque buscamos una suerte de asidero firme con acuerdo al cual poder afirmar «aquí estamos», «esto es nuestro». Pero lo cierto es que la aceleración y la complejidad de los acontecimientos globales cada vez sacuden con más fuerza nuestras intuiciones espaciales y temporales. La mayor incógnita lleva hoy el nombre de «futuro».

Si algo en todo caso sabemos es que no son tiempos especialmente luminosos. No estamos en tiempos de paz. La guerra en Ucrania y el genocidio de Gaza, por nombrar sólo dos de las más visibles para nosotros, sobrecogen nuestra sensibilidad. Parece que podríamos al menos señalar claramente qué regiones del globo se hallan en situación de «guerra». Para ello, proyectamos un esquema que nos permite agrupar diversos fenómenos y que implica notas del tipo siguiente: ejércitos, armamento, uniformes, civiles, drones, carros de combate, trincheras, explosiones. Es muy conocido el *dictum* de Carl von Clausewitz: «La guerra es la continuación de la política por otros medios». Ello confirmaría nuestra intuición: la guerra, con su destrucción y su violencia, continúa por otros medios, los medios duros de los ejércitos, el armamento o las bombas, lo que se dispone en los despachos de la política. Así, la guerra sería siempre la posibilidad límite de los antagonismos políticos. La paz, por el contrario, consistiría en el cese de las hostilidades bélicas.

Ahora bien, en tiempos de aceleración y desorientación, lo peor que podríamos hacer es dar por sentado el significado de las palabras y de nuestros esquemas, pues precisamente caracteriza a nuestro mundo el que sintamos cada vez más dificultad para comprender y aferrar lo real. A propósito del fenómeno de los chalecos amarillos –que, por cierto, ya parece viejo–, el historiador francés Éric Vuillard dijo: «Sentimos una especie de traición de la gramática». La realidad va demasiado rápido y sus remolinos son demasiado turbulentos, demasiado profundos. Sentimos que el lenguaje ya no cierra hoy tan fácilmente la brecha entre las palabras y las cosas. ¿Estamos seguros de poder operar todavía con las representaciones recibidas de nuestro territorio y nuestra ubicación? ¿Cómo orientarnos hoy? ¿Podemos dar por supuesto el significado de palabras antes tan familiares como *guerra, paz* o *futuro*? ¿No debemos quizá más bien pensar en una cierta *ampliación del campo de batalla*? ¿Qué nos cabe esperar en Europa? ¿Qué tiene que ver la *universidad pública* con todo ello, y estará ella en el centro de una cierta contienda? ¿Podrá ella ofrecernos, quizá, la imagen de una posible paz venidera? Acaso en una cierta idea de universidad, desde luego hoy bajo asedio, que sostiene y cuida a las Humanidades, podríamos encontrar un tímido hilo conductor para el futuro si recordamos otro título, esta vez de Immanuel Kant, que reza: *¿Qué significa orientarse en el pensamiento?*

LA GUERRA CONTRA LA UNIVERSIDAD PÚBLICA: EL CASO MADRILEÑO

¿Qué significa este título? ¿Se trata sólo de una analogía, como si quisiéramos decir que alguien –ya veremos quién– hace algo contra la universidad pública que es *análogo* o *se parece a* lo que hacía un ejército contra otro en Verdún? Quizá las cosas no eran tan sencillas. De entrada, la definición de guerra que da el propio Clausewitz va mucho más allá del tópico asociado a su nombre, pues, para él, «guerra» designa un acto de violencia para obligar al contrario a obedecer nuestra voluntad. Todo se jugaría aquí en cómo definamos «violencia», porque hay formas muy sutiles de doblegar las voluntades. El asunto no debe de ser tan sencillo cuando Immanuel Kant escribió una pequeña obra titulada *Sobre la paz perpetua*, donde se preguntaba por las condiciones de posibilidad de una paz sustantiva y duradera que no fuera «la paz de los cementerios». Aquí ya nos acercamos a nuestro tema. El diseño elaborado por Immanuel Kant de un programa para la paz perpetua cosmopolita se considera frecuentemente como ingenuo o «idealista». Nada más lejos de la realidad. Atendamos al cuarto artículo preliminar para una paz perpetua: «No debe emitirse deuda pública relativa al comercio exterior»[1]. Kant es perfectamente consciente de que ninguna legalidad será suficiente para garantizar una paz verdadera mientras un «peligroso poder financiero» y su sistema de crédito potencialmente infinito puedan operar como acicates para la competencia y la beligerancia entre potencias. Además de una advertencia notable al respecto del estallido de las guerras mundiales en el siglo xx, podemos extraer otra lección del viejo filósofo: las herramientas económicas pueden convertirse en peligrosos poderes financieros que «crecen desmesuradamente» si se utilizan con fines de destrucción política.

El imperialismo y el colonialismo han demostrado en los últimos siglos de expansión capitalista que las coacciones económicas

---

[1] Immanuel Kant, *Hacia la paz perpetua. Un diseño filosófico*, Madrid, Ediciones Alamanda, 2018, p. 73 (también hay edición en Akal: Immanuel Kant, *Sobre la paz perpetua*, ed. Kimana Zulueta Fülscher, Madrid, Akal, 2012). Algunos elementos de esta argumentación adelantados en mi columna «La guerra definitiva contra la universidad pública», *InfoLibre*, 30 de noviembre de 2024.

pueden tener efectos tan devastadores como una guerra: más precisamente, quizá podamos decir incluso que la coacción económica es la forma definitiva de guerra. El turbulento siglo xx no ha hecho sino ratificar este hecho. Un pensador bien diferente a Kant continuó esta intuición respecto de las coacciones económicas como obstáculos para la paz. Carl Schmitt, el peligroso jurista alemán, describió ya a mediados del siglo pasado cómo cada vez es más difícil discernir lo que es guerra y lo que no. El giro definitivo, dice Schmitt, consiste en trasladar el ejercicio de la enemistad, la coacción o la violencia del campo militar a otros campos, como el económico o el civil. Afirma Schmitt que se convierte a la paz en una «ficción jurídica» si la definimos como lo que no es «la guerra militar al viejo estilo con *animus belligerandi*». ¡Menuda paz! «Para los actores de la coacción económica, evitar la guerra militar del viejo estilo es un juego de niños»[2], concluye Schmitt. Saldría muy barata esa definición de paz. Hay formas de violencia tan destructivas que ni siquiera necesitan ejecutarse como guerra; hay políticas económicas que pueden ser tan letales para las instituciones y el bien común como la peor de las guerras; hay políticas económicas, en fin, que son ellas mismas una forma de guerra.

«Guerra económica» no es, entonces, una imagen literaria. No se trata de que, mediante herramientas económicas, alguien hace algo parecido a lo que hacen los generales en un campo de batalla. Se trata de que determinadas acciones económicas son ellas mismas actos de guerra, actos de destrucción de una institución. Habría una manera peculiarmente efectiva de hacer la guerra a pueblos, instituciones o incluso ideas, una manera mucho más efectiva que enviar una división de granaderos con casacas: no invadirlos, no bombardearlos, no eliminarlos, sino asfixiarlos económicamente. Las ideas son a prueba de balas, decía el famoso enmascarado de *V de Vendetta*, pero las instituciones no son a prueba de presupuestos en déficit.

---

[2] Carl Schmitt, «Über das Verhältnis der Begriffe Krieg und Feind (1938)», en *Positionen und Begriffe*, Berlín, Duncker & Humblot, 1994, p. 284.

Pues bien, desde hace unas décadas, los Gobiernos neoliberales, y en concreto el Gobierno de la Comunidad de Madrid, han decidido actualizar estas intuiciones kantianas y schmittianas de un modo muy sencillo: han comprendido que la guerra definitiva a la universidad pública se realizará como asfixia económica.

La situación actual de las universidades públicas en la Comunidad de Madrid es «crítica». En «pocos años» podría volverse «catastrófica». No son exageraciones o propaganda. Son valoraciones de los rectores de las seis universidades públicas de Madrid. En un gesto sin precedentes, el pasado noviembre convocaron sesiones extraordinarias de sus respectivos Consejos de Gobierno y emitieron conjuntamente una durísima carta abierta a la presidenta de la Comunidad de Madrid, Isabel Díaz Ayuso, sobre la infrafinanciación de la universidad: «Los Consejos de Gobierno de las seis universidades públicas madrileñas […] advierten sobre la insostenibilidad económica del sistema para garantizar la calidad del servicio público que necesita la ciudadanía», rezaba el encabezado. El párrafo inicial era desolador:

> El borrador de presupuestos aprobado por el Gobierno de la Comunidad de Madrid no contempla las transferencias necesarias para afrontar el impacto de la inflación en los suministros, cubrir íntegramente el incremento salarial acordado por el Gobierno central, ni financiar las exigencias de la nueva Ley de universidades. Tampoco incluye recursos suficientes para garantizar el mantenimiento imprescindible de los edificios, indispensable para su funcionamiento y seguridad en condiciones adecuadas.

Esta situación es el resultado de quince años de infrafinanciación. En la primera parte de este libro se ofrecen datos que respaldan suficientemente el diagnóstico de los rectores. Una fuente implicada en la gestión de la Consejería del Gobierno regional declaró, según supimos por la prensa esas semanas: «Hagan lo que hagan, están muertas».

De la crisis a la catástrofe: he aquí el grito agonizante de una institución en ruinas. Pero no es una casualidad, es una nueva forma de guerra contra las instituciones. Concretamente, se trata de la guerra neoliberal contra los servicios públicos en general y la universidad pública en particular. Nadie toleraría hoy (al menos todavía) una guerra política abierta contra la universidad pública, que cerrara universidades, digamos, por decreto. Nadie toleraría hoy, aunque las advertencias a ese respecto que llegan de los Estados Unidos de Trump sean escalofriantes, una acción de gobierno que despida a funcionarios, censure planes de estudios o clausure universidades públicas. Se hará entonces de la forma más letal: una guerra económica como forma más refinada de guerra política, que, en el caso de la universidad, está *ya* produciendo empeoramiento de la calidad de la docencia, paralización de la investigación, recortes en bibliotecas, precarización y despidos de personal docente, subidas de tasas, insuficiencia de personal administrativo, amenaza de fórmulas de gestión concertada o privada. No es un accidente: es un programa político. La asfixia económica que denuncian los rectores no es un accidente o una dejación, sino un plan premeditado y ejecutado al milímetro. El objetivo es acabar con la universidad pública tal como la conocemos, como operación concreta de un frente neoliberal más amplio que se completa con la guerra a la educación obligatoria o a la sanidad. No es una metáfora o una figura retórica. Es un programa político[3].

La guerra en el campo de los hechos se prepara con la denigración en el campo de las palabras. La presidenta de la Comunidad de Madrid se ganó el reproche del rector de la Complutense por afirmar que la universidad pública está «colonizada» por la izquierda y otorga títulos «como churros». La operación simbólica es evidente, y Díaz Ayuso la ha aprendido, por cierto, de Donald

---

[3] La propuesta de ley regional de universidades que prepara el Gobierno de la Comunidad de Madrid es transparente a ese respecto: la Administración pública sólo garantizará un porcentaje de la financiación y las universidades tendrán que competir por captar el resto en el mercado privado.

Trump. Si en las pasadas elecciones americanas hemos presenciado cómo Trump, Musk y la *alt-right* trataban de identificar el mero hecho de ser hombre con el voto a favor de Trump, para Díaz Ayuso lo público como tal se convierte en «ideológico», «de izquierdas» o «comunista». En ambos casos se trata de una operación de politización. Díaz Ayuso quiere politizar negativamente lo público, igual que Trump y los suyos quieren derechizar la identidad masculina. De esta manera, la presidenta renuncia a defender una idea de lo público como mínimo denominador común que garantice derechos universales o una idea compartida de bien común para todos, y lo convierte en su enemigo político como sinónimo de ideología radical de izquierdas. La presidenta confiesa así más de lo que querría, pues revela su propia posición de parte: renuncia a una idea de lo público que englobe a todos. La gobernanza neoliberal emprende una lenta operación, a la vez simbólica y económica, de socavar el prestigio y la calidad de lo público, de modo que la única opción «razonable» para los ciudadanos acabe siendo recurrir a lo privado. La obsesión de la Comunidad de Madrid por permitir el establecimiento de universidades privadas que no cumplen requisito ninguno en investigación o docencia, y en contra de todos los informes de agencias y expertos es un paso más en este programa: dar alas a lo privado a la vez que se asfixia a lo público.

Todo esto no ocurre por casualidad, no ocurre a la vez sólo en el espacio y en el tiempo: ocurre también en el orden del plan, la intención y la voluntad. Ese es el programa: una suerte de neoliberalismo feudal por el cual la universidad sería para los pocos que puedan pagársela, para unos pocos y selectos apellidos o para quienes vengan de unos pocos y selectos códigos postales.

No son exageraciones retóricas. Esta es la nueva y la más letal guerra jamás emprendida contra la universidad pública en nuestra región. Pero lo público reclama una paz que sólo puede ser verdadera y garantizada. Y sobre esto las Humanidades siempre han tenido algo que decir.

La Modernidad, si hemos de hacer caso a una conversación de Goethe con Napoleón que nos relata Hegel, comenzó cuando lo político comenzó a desempeñar el papel que tenía el destino de las tragedias antiguas. Ahora bien, esos caminos de lo político como nuestro destino han sido complejos desde los tiempos de Napoleón a los nuestros. Se atribuye al industrial alemán Walther Rathenau la sentencia de que hoy el destino no es ya la política, sino la economía. Podríamos replicar: ahora como antes, el destino sigue siendo la política, sólo que la economía es ya inmediatamente algo político. La decisión de infrafinanciar la universidad es una decisión no sólo técnica, sino profundamente política. ¿Qué nos jugamos en esta decisión política de primera magnitud? ¿Qué repercusiones tiene para nuestra sociedad, para nuestro contexto e, incluso, para nuestra propia noción de futuro? ¿Y qué tienen que decir las Humanidades a este respecto?

¿Para qué sirve una universidad? En 1810, Wilhelm von Humboldt esboza lo que deberían ser los rasgos fundamentales de la organización de las instituciones científicas superiores en Berlín. Humboldt es el fundador de la prestigiosa Universidad en Berlín que hoy lleva su nombre y que ha producido premios Nobel de la talla de Albert Einstein o Max Planck. Escribe lo siguiente:

> El Estado no debe tratar sus universidades ni como centros de educación secundaria ni como escuelas especiales, y no ha de valerse de su academia como si fuera una diputación técnica o científica. En general [...], no debe exigir de ellas nada que se refiera inmediata y directamente a él, sino que ha de mantener la interna convicción de que, si ellas alcanzan su propósito último [*Endzweck*], también satisfarán el fin del Estado, y esto desde un punto de vista mucho más elevado, desde un punto de vista desde el que se deja comprender mucho más y desde el que pueden ser alcanzadas fuer-

zas y resortes completamente distintos de los que él es capaz de poner en movimiento[4].

Las universidades, afirma Humboldt, no son fábricas de expedir títulos o formación para el mercado laboral ni laboratorios técnicos al servicio de fines externos. Las universidades tienen una cierta finalidad propia. Humboldt considera que los Gobiernos deben velar por el libre desarrollo de las universidades y garantizar todas las condiciones para que ellas alcancen su fin último. No puede reclamarle nada a ella, sino otorgarle las mejores condiciones. Sólo así, razona Humboldt, de esta forma mediata, el Gobierno estará trabajando también para cumplir su propio fin de un modo mucho más rico y determinado que si tratara de someter las instituciones educativas a fines externos.

¿Por qué la universidad, según Humboldt, permite alcanzar puntos de vista, fuerzas y resortes completamente distintos de los que el Estado es capaz de poner en movimiento? Adorno recordaba en una ocasión una vieja idea kantiana: somos más sujetos no cuanto más nos encerramos en nosotros mismos, sino cuanto más nos abrimos a un mundo compartido. Ser sujeto es estar abiertos al mundo. Ese mundo se discute y se construye en una conversación compartida que muestra los perfiles de la crítica. Pues bien, lo que está en juego en una universidad es la posibilidad de que una sociedad investigue y razone libremente sobre el mundo, piense y razone libremente sobre lo que ella misma puede, quiere o debe ser. La universidad es la mediadora entre los dos extremos de la crítica y el mundo. En una universidad llevamos a cabo una conversación con y sobre el mundo, con y sobre nosotros mismos. Es decir, la pregunta que formulábamos unas líneas más arriba está mal planteada: la universidad no «sirve» a un fin exterior. La universidad responde sólo a su finalidad propia. La actividad de la universidad,

---

[4] Wilhelm von Humboldt, «Sobre la organización interna y externa de las instituciones científicas superiores en Berlín», *Logos. Anales del Seminario de Metafísica* 38 (2005), p. 287.

como, por cierto, la de la filosofía, no es adecuadamente captada si se enmarca en los parámetros de la razón instrumental y su pregunta por la «utilidad para».

Es por ello que la idea de universidad va inextricablemente unida al papel de las Humanidades. La suma de todos los conocimientos científicos y técnicos no puede todavía agotar el concepto de verdad. La verdad requiere también estar abiertos a lo que «nos sale al encuentro» desde las cosas y desde los otros. Ello nos permite reflexionar sobre nuestras propias condiciones o aquello que tomamos por evidencias, puestas a prueba siempre por la emergencia de una otredad que nuestra forma de pensar todavía no había podido prever. La universidad es esencialmente aquel lugar donde uno aún puede dejarse sorprender: por un perfil del mundo que no se había mostrado todavía, por una voz que no había logrado ser escuchada, por un argumento que no había sido considerado, por una subjetividad que no había sido reconocida, por un anhelo que no había sido formulado. Trascendiendo siempre el marco sólo técnico de desarrollar medios para fines dados, en la universidad nos preguntamos sobre qué fines son deseables, sobre qué no sabemos todavía, sobre qué queremos ser, sobre quién falta. Ese espíritu no ha abandonado nunca, por cierto, a los mejores representantes de las llamadas ciencias «duras».

Comenzábamos constatando la dificultad para elaborar una cartografía de nuestro tiempo presente. Pero sí sabemos, al menos, que habitamos tiempos peligrosos y confusos, tiempos en los que no podemos dar por sentado ni siquiera contextos institucionales que proporcionaron justicia y bienestar en los últimos siglos. Wendy Brown ha argumentado que el neoliberalismo no sólo opera extendiendo la racionalidad económica a todos los campos, sino erosionando determinadas instituciones que han velado por el bienestar social en los últimos dos siglos e, incluso, la propia concepción de la democracia:

> El neoliberalismo hayekiano es un proyecto político-moral destinado a proteger las jerarquías tradicionales negando lo social como

dominio de la justicia y restringiendo radicalmente las reivindicaciones democráticas de los Estados. Dicho de otro modo, el ataque a la sociedad y a la justicia social en nombre de la libertad de mercado y del tradicionalismo moral es una emanación de la racionalidad neoliberal[5].

En este contexto neoliberal, se vuelve de especial importancia que la universidad opere como espacio que cultiva el pensamiento crítico y la formación de ciudadanos capaces de conocer los problemas de un mundo complejo y de gobernarse a sí mismos.

Como decíamos al inicio, Europa no sólo se halla concernida por guerras desgraciadas –¿acaso no lo son todas?–. Europa se halla en una cierta indefinición acerca de cuáles deben ser sus consensos compartidos para eso que podíamos llamar, con Kant, una paz duradera. La cuestión excede consideraciones técnicas y geopolíticas: nos referimos aquí a una decisión en torno a consensos políticos aglutinantes sobre la vida libre, justa y buena. El auge de la extrema derecha en Francia, Italia o Alemania es sólo uno de los síntomas de la inexistencia de ese consenso; la desafección, la precariedad o el sufrimiento social son otros tantos. Todo ello se trasluce en la pobreza del juicio de quienes se encuentran al mando en nuestro contexto europeo. Recordemos, a modo de muestra, cuando Ursula von der Leyen justificó su buen entendimiento y colaboración con Giorgia Meloni aludiendo a que esta última es claramente «proeuropea» porque está «en contra de Putin» y «a favor del Estado de derecho». Es decir, que alguien puede gobernar su país restringiendo los derechos de mujeres y personas LGTBI pero pasar por proeuropea si está «en contra de Putin». Pero ¿qué noción tan escuálida de «Estado de derecho» es una que ataca frontalmente los derechos de parte de sus ciudadanos –y

---

[5] Wendy Brown, «La cola del escorpión del neoliberalismo», en William Callison y Zachari Manfredi (eds.), *Neoliberalismo mutante. Gobierno del mercado y ruptura política*, Madrid, Lengua de Trapo, 2023, p. 63.

lo hace, por cierto, a partir de consideraciones sobre «la familia natural» y contra «la ideología de género» que son rigurosamente putinistas–?

Cómo la definición formal de «Estado de derecho» deba encajar con nociones de justicia social, igualdad de género o transición ecológica es una cuestión de todo menos evidente, y las luchas y los afanes por responderla han punteado lo que llevamos de siglo. Pero el momento actual, tan confuso y crepuscular, plantea incluso otras: cómo pensar la libertad, cómo imaginar un futuro, cómo habitar un planeta en crisis climática acuciante. Europa tiene una relación difícil con la idea de fundamento; en cierto modo, el propio proyecto de Europa fue despojarse de todo fundamento en sentido sustancial. La idea de democracia nace cuando, haciendo uso de la palabra de cualquiera, Sócrates no da por supuestos los dioses y las leyes de la ciudad. Razón es poderlo discutir todo, y poderlo hacer en público, para tratar de encontrar algo sobre lo que estemos de acuerdo, sobre lo que cualquiera pueda estar de acuerdo. Así encontramos el teorema de Pitágoras; pero ¿podemos encontrar del mismo modo un fundamento político que ya no sea Dios, la sangre o la tierra? El uso del logos inauguró, qué duda cabe, algunas incertidumbres que arrastramos hoy; tratar de redactar una Constitución desde algo así como «la razón» o «los derechos humanos» generó algunos quebraderos de cabeza a las mentes más brillantes de la Modernidad –y no pocas burlas de algunos sagaces reaccionarios–. ¿Cómo, en general, habitar mejor un mundo gobernado por oscuros poderes económicos e intereses de fuerzas que no responden a parlamentos?

ORIENTARNOS EN UN MUNDO: EL FUTURO DE LA UNIVERSIDAD PÚBLICA

La universidad pública es uno de los espacios en los que pueden plantearse esas preguntas y tantas otras concernientes a qué mundo y qué sociedad deseamos. No es desde luego el único: la sociedad habla consigo misma en plazas, fábricas, sindicatos, parlamentos, canciones o poemas. Pero ninguna idea de espacio público estaría completa sin la universidad. Aunque se den en registros simbólicos muy diferentes, las preguntas son en el fondo bastante parecidas para todos nosotros: cuando el trapero Yung Beef argumenta que su éxito en la industria musical le ha llevado a tener una autonomía material que lo libera de la posición de «esclavo» a la que estaba destinado por nacimiento, no está hablando de algo muy distinto a aquello de lo que hablaba Kant cuando se preguntaba en su filosofía del derecho sobre la relación entre independencia económica y ciudadanía. Como ocupantes temporales de este mundo en común, nuestras inquietudes convergen, si bien siempre en las formas complejas de la pluralidad, el matiz o incluso el antagonismo.

Recordábamos la pregunta kantiana: «¿Qué significa orientarse en el pensamiento?». Podríamos desplazarla: ¿qué significa orientarse *con* el pensamiento? Pregunta especialmente pertinente en este tiempo del fracaso perentorio de todos los mapas heredados, por muchos y diversos motivos. A plantear esta pregunta contribuye la universidad. Pero para ser sede de esta actividad de crítica y orientación, la Universidad no puede verse sometida a la coacción de imperativos mercantiles. El imperativo de la rentabilidad resulta autoritario respecto de la deliberación sobre lo bueno, lo verdadero y lo deseable, que son cambiantes, complejos, múltiples. La universidad no podrá cumplir su misión si es chantajeada por un poder político que sólo entiende de imperativos económicos. Esto es, la Universidad no puede perseguir su fin último y así contribuir a la orientación de una sociedad democrática si está estructuralmente infrafinanciada. Como recordó Adorno, el noble ideal humboldtiano de la *Bildung* como formación y autocultivo se ve fácilmente rebajado a ítem de consumo, capital cultural y marca de distinción de clase y privilegio en el marco de la mercantilización capitalista[6]. Lo saben mejor que nadie, y por fortuna no dejan de recordárnoslo, nuestros estudiantes.

Se dice que Aristóteles recomendó a Alejandro Magno conducirse como líder o *hegemonikós* respecto de los griegos y como déspota o *despotikós* respecto de los así llamados bárbaros. Los Gobiernos neoliberales, señaladamente el Gobierno de la Comunidad de Madrid, parecen decididos a conducirse como cabecillas respecto de los bárbaros poderes económicos y como déspotas respecto de las universidades públicas. Lo que nos jugamos con ello no es sólo una idea de educación; es la posibilidad misma de nuestro trato con el mundo, con los otros y con el futuro.

---

[6] Theodor W. Adorno, «Teoría de la pseudocultura», en *Obra completa 8. Escritos sociológicos 1*, Madrid, Akal, 2004, pp. 86-113. «Pseudocultura» traduce aquí el término *Halbbildung*.

NOTA SOBRE AUTORAS Y AUTORES

Luis Alegre Zahonero
Profesor del Departamento de Filosofía y Sociedad, y coordinador del Máster en Estudios LGBTIQ+ de la Universidad Complutense de Madrid.

Miguel Amador
Estudiante del Grado en Filosofía y becario de colaboración (curso 2024-2025) del Departamento de Filosofía y Sociedad de la Universidad Complutense de Madrid.

Juana Caso
Estudiante del Grado en Filosofía y becaria de colaboración (curso 2024-2025) del Departamento de Filosofía y Sociedad de la Universidad Complutense de Madrid.

Rodrigo Castro Orellana
Profesor titular y subdirector del Departamento de Filosofía y Sociedad de la Universidad Complutense de Madrid.

Carlos Fernández Liria
Profesor titular del Departamento de Lógica y Filosofía Teórica de la Universidad Complutense de Madrid.

Juan Antonio Fernández Manzano
Profesor titular del Departamento de Filosofía y Sociedad, y coordinador del Grado en Filosofía de la Universidad Complutense de Madrid.

Pablo López Álvarez
Profesor titular del Departamento de Filosofía y Sociedad de la Universidad Complutense de Madrid.

Laura Llevadot
Profesora titular de la Facultad de Filosofía de la Universidad de Barcelona.

Agustín Menéndez Ménendez
Profesor titular del Departamento de Filosofía y Sociedad, y vicedecano de Doctorado y Calidad de la Facultad de Filosofía de la Universidad Complutense de Madrid.

José Luis Moreno Pestaña
Profesor titular del Departamento de Filosofía I y vicedecano de Cultura, Investigación y Transferencia de la Facultad de Filosofía y Letras de la Universidad de Granada. Director de la Cátedra Extraordinaria Filosofía Social de la Discriminación Corporal de la Universidad de Granada.

Clara Ramas San Miguel
Profesora del Departamento de Filosofía y Sociedad de la Universidad Complutense de Madrid.

Antonio Sánchez Domínguez
Profesor asociado del Departamento de Filosofía y Sociedad de la Universidad Complutense de Madrid. Diputado en la Asamblea Regional de la Comunidad de Madrid.

Nuria Sánchez Madrid
Catedrática del Departamento de Filosofía y Sociedad de la Universidad Complutense de Madrid.

ÍNDICE